73歳、月5万円で
ますます快適！
「ちょうどいい」を
自分で創る
ごきげんプチプラ生活

紫苑
Shion

廣済堂出版

はじめに――「自分にちょうどいい暮らし」で不安も恐れもなく

紫苑《しおん》と申します。「プチプラ快適な日々を工夫」というブログを発信しています。コロナ禍のなか仕事が激減、年金額の少なさに真正面から向き合うことになりました。

年金額はたったの5万円。少ない。あまりに少ない。20代の終わりに会社を辞めて以来、フリーランスで働き、シングルマザーとして二人の子どもを育ててきました。フリーランスがいただける年金は満額で年79万5千円（２０２３年度）。月換算ではおよそ6万6千円。多くのフリーランスが不安になるのも無理はありません。

月5万円で暮らす生活は、それだからこそ驚かれたのかもしれません。書籍まで出していただけることになり、有難いことに多くの人に読んでいただけました。紹介した工夫は、「こんな少ない金額でも暮らせるんですね」「楽しそう」「目から鱗《うろこ》」「楽になった」「笑った」「不安が減った」との嬉しい声をいただき、それはまた大きな励ましになりました。

恐る恐る始めた「プチプラ生活」は、意外にもさまざまなものをもたらしてくれました。健康になったなど身体上のメリットに加え、長年の暮らしで身に着けた思い込みを解き放ってくれ、「自分にちょうどいい」暮らしの形を浮き彫りにしてくれました。もちろん最初はぎくしゃく。錆《さ》びついた自転車に乗ったときのように、ギシギシ。それでもいつしか車輪は順調に周り始め、気持ちのいい風を感じるようにまでになっていました。

自分が主役の生活ってすごく快適なのです。

プチプラ節約生活を始めて3年、わかったことはたくさんあります。これまで書ききれなかった工夫と今の暮らしをお伝えしたいとまたパソコンに向かうことになりました。この本が少しでも役に立つことを願いつつ。

紫苑

CONTENTS

第2章

お金が貯まる人、貯まらない人は何が違う？
――収入の多寡は関係ない!?

第3章 なぜ「高価なモノはいい」と思い込むのか

――節約を邪魔する心理

第4章 「ごきげん節約」のためのナインルール

――ゲーム感覚で不安解消！

第5章 ポケットの穴のふさぎ方
――お金が消える場所を徹底チェック

第6章 紫苑式「食費節約レッスン」

——もちろん安い、美味しい、健康的

第7章 明日につながる展開メニュー＆レシピ

——定番素材でも飽きない、栄養も万全の工夫

第8章

70代の「きれい」は健康と切り離せない

――「きれい基準」のチェンジで元気とパワーを取り戻す

第9章 やはりある「70歳の壁」

―70歳は身体の分水嶺

第10章 年金5万円、だけど贅沢

―旅行もバスも銭湯もお得に満喫！

第11章 自分を支える「メンタル」の作り方 ――弱くたって大丈夫！

第1章

「ちょうどいい」は自分で創る

── 自分最適化はこんなに気持ちいい

コロナ禍をきっかけに節約生活を始めて約3年。
その間のあれこれをブログ公開しているうちに書籍化まで実現。
「もう節約やめました？」「生活変わったでしょう？」などの声もいただきました。
ところがさにあらず、わたしの生活は何も変わりません。
この3年の経験から「お金がない生活は快適、気持ちいい」と気づいたからです。
それはなぜか。まずは、こんな話からはじめましょう。

節約生活を始めたばかりの頃

２０２０年、コロナ禍のなか、わたしは初めて「月５万円」というあまりに少ない年金と正面から向き合い、節約生活を始めました。

その前はおよそ10年くらい「きものブログ」をやっていました。着物三昧の日々で少しお金があるとネットで１０００円、２０００円のプチプラで着物を買う日々。プチプラとはいえ、チリも積もれば高くなる。部屋は着物で埋まり、貯金はどんどん目減りしていく毎日でした。

そんな日々がコロナ禍で激変します。外出もままならない、仕事も激減するなか、どう暮らせばいいんだと眠れない日々が続き、ようやく自分がどれほど厳しい状態にいるのかに気づいたのです。69歳、あと１カ月で70歳にならんとする2月のことでした。

「プチプラ節約生活」を始めたばかりのブログが残っています。

「全国小中高校が一斉に休校！

本格的な閉じこもり・監禁生活になりました。

ブログ書く気にならなかったけど、ここは逆に気力を出したほうがいい。

コロナ禍の生活ではまずは、健康を保つことが大切です。

おうちにばかりいると気が滅入るので、外の空気を吸うために外に出る！

朝、散歩に行くことにしました。まだ、あまり人のいない公園で深呼吸します。朝ごはんもいつも通りにしっかり食べ、なるべく、気持ちがアップするようなことをします。そうそう、免疫力を高める巣入り蜂蜜も……。プロポリスという強力な殺菌作用のある成分が入っていて、気管支炎や肺炎の予防になるとか。コロナウイルスが流行る前に買っておいてよかった。夜にはニュースは見ない、パソコンも閉じて、ストレッチと呼吸法をやって、ぐっすり寝ます。

　朝すっきり、20歳の気持ちで!!　目が覚めますよ。いや、これホント。20歳とシニアが混じりあっている気分です」

同じ日の夕方には食費についてアップしています。当時はまだ食費も「人並み」にかかっていて、「一回の買い物で、買いたいもの買いたいだけ買って２５００円、安いわ」などと言っています。
「トマトやらほうれん草やらお肉やら、スイーツやら好き放題買って、２５００円くらい。安い（嬉！）。普段は３５００円くらいは使っていましたから、一回で２５００は安い。それに一人だとこれで、５日くらいは持つ。ということは月に１万２０００円程度ってこと？　外食すると、これくらいのお金はすぐに飛んでいきますから、おうちご飯をきちんと作ると、ほんとお金はかからない。ほうれん草のお浸しとか、ほんとに美味しいものね。試しに月１万２０００円くらいでどのくらいできるかやってみようかな」

このあたりからおぼつかないながらも概算１万円生活をスタートさせたようです。それでも、まだスイーツにお金を使い、「見栄」も残っていました。見栄についてはこう書いています。

「でも、お金って食べるためにかかるというより、体裁、お付き合い、見栄……といった世間体を保つために使うほうがはるかに多いのですね。いえ、それが悪いというわけではなく、ワタクシとて着物などプチプラとはいえ、子どもたちが嫌がるものにお金使っていますから。

で、一人暮らしになると、この外面や見栄がまったくとはいいませんが、必要なくなる。家族とはいえ、自分以外の誰かには、いいところを見せたがるのが人の性《さが》？」

食費で一番お金がかかっていたスイーツ、過敏性大腸炎の原因だとうすうすわかっていました。それを断つことにしたものの、夢にまで出てきてうなされたこともありました。

そして着物関係。これについても当時はまだ、ときどき着物グッズを買っていました。着物イコール見栄とはならないのですが、手離さなければいけないほど着物１５０枚、帯50本はあり、家じゅうに溢れていました。それでも２０００円、３０００円と細かいお金ながら買っていたのは我ながら呆れます。着物欲、物欲を捨てることは難しゅうございました。これは見栄というより、楽しみ分野だからでもありますが、必要を超えて持つことは、やはり「欲」「見栄」の部分があったように思います。

あれから3年、月5万円生活の今

節約を始めたばかりの頃は反響もあまりなく、あったとしても「これで栄養足りてるの？」「本当に1万円の食費ですか？」「いつかはメンタルやられる」などの質問、疑問が多く、それでもまあ、自分なりに淡々と続けていました。

そんなある日、新聞に取り上げていただき、テレビ出演まですることになり、書籍化まで実現しました。

今の生活はといえば、検診で悪いところは見つからず、メンタル面でもいたって元気。体内年齢は58歳とのことです。最初の頃はぎくしゃくしていた生活も、衣食住とも、より充実したものになっています。

そのわけは、老後を含めた今や先々の暮らしのなかで、何が必要で何がいらないかの輪郭がよりくっきりしてきたからです。参考のため、現在の「使わない生活」にいかに無理がなく、むしろ快適になったかをお伝えさせてください。

節約生活を始めて、かつて渇望したものへの執着がなくなった、それを痛切に感じた際のブログの内容です。

「猛暑のなかメンテのために歯科医に行きました。たまにはとカフェに入りゆっくり本でも読みながら美味しい珈琲でも、との気分になりました。ところが入った途端にすぐに出たくなりました。というのは、あまりに強い冷房、周りのざわめきが耳について集中できません。珈琲はまずまずでしたが注文したメニューは味が物足りない、その上、高い！

値段はともかく？　あまりの冷房に身体は冷えて、次の日体調を崩す始末です。これまでは強い冷房も羽織もので対処していましたが、もうそこまでして入る必要はないなと気づきました。

ハンパな外食に至っては、味が濃い、甘すぎる、辛すぎる、量が多い、捨てるときには罪悪感を抱く、と心のなかで言いたい放題です。

白湯《さゆ》を入れたマイボトルを持って出るのを忘れると、仕方がない、自販機の前に行くものの「つめた～い」がずらり。身体は冷やさないほうがいい、とコンビニで常温の水を買おうとしても売っているところはなかなかない。鉄瓶で沸かした白湯のありがたさを知る。

おうちが好きとはいっても、夏のエアコン29度か28度はやはり暑い、少し身体を動かすと汗まみれになります。

シャワーを浴びて下着を、いちいち洗濯機を回すのは面倒なので着ては汗をかき、脱いでは手洗い、を何度も繰り返す。面倒？　いや、これがもうとても気持ちいい。
猛暑に汗をたくさんかいたおかげか、夏バテもなく、寒さに弱いはずが、冬になっても体調崩さず。

夕方、半身浴、脚と手を少し熱めのお湯に入れて、そのまま10分も経つと全身に汗。これを繰り返していると、朝目覚めたときに足先、手先が気持ちよくなりました。ちなみに、前は冬になると手足が冷たく、お風呂に入ると手先が真っ白になる「レイノー現象」に。もうびっくりしました。朝の指先のしびれが続き、マッサージと指の運動でどうにか収まったものの、確かに寒さは大敵と痛感しました。

室内温度ばかりではなく、食べたいときに食べたいものを食べたいだけ食べることのできるわが家が一番居心地いい。

高いモノは美味しいは、きっと思い込み。

カフェでまったり気分転換、それもいいけど、それはきっと、わが家が一番！　と気づくためかも。

節約生活を始めて、だんだんわたしなりの贅沢になっていく。

お金のことだけではなく、健康面でも居心地の良さでも今はもう節約以前には戻れません。」

「プチプラ節約生活」の定義

ここで「プチプラ節約生活」の定義、というか、わたしが大切にしていることをはっきりさせておきたいと思います。前著でも、わたしの節約生活のコンセプトを書きましたが、それをまとめると次の三つになるでしょうか。

①健康は一番の節約です。

これは何度繰り返してもいいことだと思っています。お金を貯めても、そのために健康を損なっている人が多いと気づきました。それにもかかわらず、これまでの節約には「健康」に関する記述がほとんどなく、それはわたしにはとって大きな懸念として残ったからです。

②プチプラ節約は知的ゲームです。

節約は、どんなところにお金を使い、また使わないかを考えるゲームです。あまりムキになってやるより「遊び感覚」を入れながら、ゆる～くやるほうが楽しく長続きします。

③プチプラ節約は効率のいい、自分でできるお金稼ぎです。

「足りないお金は外で稼ぐ」は、これまで当然の考えでした。しかし外での仕事はストレスも多く、そのために心身を病んでいくケースもあります。それを考えると、外で稼ぐ以上に1万円、2万円でも「楽しく節約」できる節約法は、わたしには合っていました。また今ではSNSを利用して、家にいても稼げる可能性は大きく広がっています。

わたしにとって節約とは、お金を貯めることより、より少ないお金で不安、健康、満足、いかに自分を豊かにする暮らしができるかを考える知的ゲームになっていました。

最初は、衣食住の面でいかにお金を使わないかに腐心していましたが、いつのまにか、それが習慣になり、習慣からはずれると気持ち悪くなるほどです。

この3年、物価高のなかでもあまり変わらない金額で、より充実した生活をすることができたのは、先の三つに加えて、新たな定義＝解釈、より豊かになった自分を見つけることができたからだと思っています。

お金と不安の関係

不安のない健康で満足な生活、加えて自分を豊かにする生活、これらはお金があれば誰でもできると思われがちですが、決してそんなことはありません。

　わたし自身、40代から50代にかけて、それまでにない大金を持ったこともありました。でも、その当時の生活には「安心」も「健康」も「満足」もありませんでした。子どもたちとは揉《も》め、彼らに一番不安を与えた時期でした。お金に振り回される母親のそばで、その無軌道ぶりに呆れながらも母親のどこかにある不安を子どもたちは敏感に感じ取っていたからでしょう。

　その経験でわかったことは、お金とは決して人の心を安定させるものではないということです。むしろ、これがなくなったらどうしよう、どうなる？　という不安をいつもうっすらと抱いていました。その辺りの事情は前著『「年金月5万」が教えてくれたお金との向きあいかた40』（マガジンハウス）に詳しく書きましたが、子どもたちにとっても「お金」＝「安心・幸せ」とはならなかったのです。

だからといって、お金がまったくないという生活が安心かというと、そんなことはありませんね。

このところ「お金がなくても十分幸せ」といった書籍が数多く出され、一定数の読者に共感されているようです。お金万能主義の反動か、お金のためにひたすら働き、心身を壊してしまった人たちの間で静かなブームになっています。

わたし自身はといえば、お金がまったくなければやはり不安は残る、という至って普通の人間です。だから少ない年金で、できるだけお金を使わないためには何をどうすればいいのかを一生懸命に考えてきました。

そしてたどり着いた場所は結局、「お金がなくてもＯＫ」という人達のエリアにごく近い場所でした。

一言でいえば、それは「**自分の最適化**」です。

対象はあくまで「自分」。人は一人一人皆違います。収入も違えば、支出を何にどう使うのか、望む生活も、やりたいことも、そして身体の状態も一人一人違う。だから自分の「最適化」がほかの誰とも違うのは当然です。

これからの時代、かつての活気ある日本社会の姿は望めないでしょう。社会はますます不安定になっていくのは必至です。だからこそシニア世代も、これまでの依存性の高い思い込みや発想を脱ぎ捨て、自分なりに自立した生活を作りだしていかなくてはならないのではないでしょうか。

必要なのはこれだけ

では、自分の最適化を図る、作りだすために必要な要素とは何でしょうか。

わたしは、次の四つを押さえておけば不安は減少し、今の暮らしに集中できると思っています。

①健康

②趣味（教育、学び）
③家族を含む人間関係
④少しのお金

　この四つのなかで語られることが突出して多いのは、④のお金に関してですね。でも、70代のわたしが今思う一番大切な要素は、①の健康だと思っています。

　お金があれば何もかも安心と思う人は多いでしょう。もちろんある程度は安心を得られることはありますが、それも一つの「刷り込み」「思い込み」かもしれません。逆に「お金がなくても幸せ」という言葉もまた、今の日本ではきれい事すぎる言葉です。

　されど健康は、残りの三つを支える土台です。

　若いとき――身体が思い通りに動く時期――を40代までとするか、60代までとするかは人によってさまざまですが、自分が元気だと感じられる年齢では、健康はあまり重要視されません。もっとお金が欲しい、あれが欲しい、これが欲しいと欲望はどんどん膨らみ、それが生き甲斐や楽しみにさえなります。

　ところが、いざ病気になると周りの景色は一変します。これまで光り輝いていた景色は色褪せ、自分の身体、自分の内部に関心は向かっていきます。

病気になった多くの人がつぶやくのは「まさか、わたしが？」「なぜわたしなの？」。自分のことだけでなく、家族の誰かが病気になったときも同じです。

「そんなときに必要なのはお金じゃないの？」という声が聞こえてきそうです。

その通りですが、逆にいえば「健康でありさえすれば、お金が大きく目の前に迫ってくることはない」とも言えます。

プチプラ節約生活に楽しく集中しているうち、予備費（収入から支出を引いた残高）はいつのまにか増えていました。5万円生活とはいえ、月に幾ばくかのお金は残っていたのです。それプラス保険の解約で得たお金、それが「万が一病気」費用です。

「ああ、お金が欲しい」と思うとき——お金がなくて困ることはなに？

コロナ禍のなか、厳しい現実に直面したわたしは、なんとかせねば、節約を始めねばと思ったものの、具体的には何からどう始めていいのかわかりませんでした。

それまでお金にきちんと向き合った覚えのないわたし。そこで、では「お金がないと困ることはなんだろうか？」と考えてみました。

「考えるまでもなく、お金がないとそりゃ困るでしょ」と断言するあなた、それこそ思い込みかもしれないと一度疑ってみてください。

「お金なんて、たくさんあったほうがいいに決まってるでしょ」――わたしはそんな漠然とした思い込みをいったん棚に上げ、具体的な実態として考えてみたわけです。

不安、恐れ――これが一番大きな理由でしょうか。私のブログにも「この先が不安です」というメッセージがよくきます。聞いてみると特に年金額が少ないわけではない。身体も特に悪いところはない、でもこの先、病気になる「かも」、お金がなくなる「かも」と不安を抱く「**カモ不安**」です。

そこでこの不安をより細かく考えてみることにしました。すると次の三つに集約されることがわかりました。

①必要なモノ、欲しいモノが買えない。

②病気になったときに困る＝先々困る。

③なんとなく惨めな気がする。恥ずかしい気がする。

年代によっては「教育費の心配」などほかにも理由があると思いますが、ひとりシニアの私にとっては、この三つが主な「お金がなくて困ること」でした。

それなら、この理由をじっくり考えてみるしかありません。

まず、①の必要なモノ、欲しいモノが買えない。

これまでのわたしは、何かを買うこと自体がエンターテインメント＝楽しみになっていました。欲しいも必要のうち、欲しいモノがない生活の何が楽しいの？　というわけです。

それをさらに深掘りしてみると、そのモノ自体が欲しいというより、買う、ネットでポチする、届くのを待つあいだワクワクする、というプロセスがエンタメ、楽しいと気づいたのです。

エンタメはもちろん大切です。しかし、届いて包装紙を開いた瞬間こそが、ドラマの幕開けにも似た期待値最高のとき。抱いていたイメージがいざ目の前の現実にとって代わるとき、つまり包装を解いて中身を出してみると、最高潮に達していたイメー

お金がなくなるかも！
地震がくるかも！
病気になるかも！
地球が滅亡するかも！
かもかもかも
カモですがなにか？

ジは下り坂。なぜなら思い通りのモノというのはなかなかないので、脳裏には次第に「終」「ＦＩＮ」「ＥＮＤ」のマークが浮かんできます。

エンタメはここで終了。映画やドラマは面白くてもそうでなくても、頭や心に残りますが、モノはゴミになるまで押し入れで「眠れる森の美女」状態。そのうち美女も年を重ね、当時は素敵！　これさえあれば人生変わる？　と思い込んでいたものもいつしか……。

②は最後にとっておいて、③のなんとなく惨め、恥ずかしいを先に述べれば、「どんだけ他人の目を気にして生きてきたんだ？」と自分にツッコミ。その「他人」は年齢、場所、環境、ＴＰＯによって次々と変わっていきます。ある人には「素敵！」と見えるモノがほかの人にとっては「何それ？」「ダサい」ということは当然あって、あっちの仲間うちでは皆の憧れだったモノが、こちらではダサいに変わる、なんてよくあること。

では自分は……？　わたしにだって、あれは素敵、これはやりすぎ、これは嫌！

といった趣味趣向はあります。それは自分がこれまで生きてきたなかで選択し、良い悪い、素敵・カッコ悪いなどを育んできたセンス、テイストです。それなら、その感性を尊重してやりたい。自分より他人の「素敵！」を優先するなんてありえない！ここから「**自分ファースト**」「**自分軸を持つ**」という考えが生まれてきました。

先に「見栄」について述べましたが、このようにして「今、自分にとって一番大切なことは何か？」という問いを突き詰めていくと、コロナ禍のなか、人に会う機会も減った、というかほとんどない状況で「見栄」を張っている場合ではないという答えが自然に出てきました。そしてそれは、コロナ禍が終わったあとも、自分最適化の大切な要素になっていました。

すると一番困るのは、②の病気になったとき、ということになります。

しかし、日本の医療制度は優れていて、高額医療保険制度という、一定額以上にかかった医療費は戻ってくるありがたいシステムがあります。よーし、これに頼ろう！

こうして保険（生命保険）を解約し、３００万円というお金が入ってきました。毎月保険料を払い続ける、つまり手持ちのお金が目減りしていく不安より、３００万円の余裕。それは心理的にも大きな支えになりました。

お金があってもなくても、健康は一番大切な要素です。特にシニアは、身体のあちこちにガタがくる。病気になる可能性は若い頃より高い。それなら、節約生活でも健康を最優先しよう。

健康優先なら、大事なのは食事と運動です。この二つを、お金をかけないで実行するには何をどうすればいいだろう。

私の節約生活の「核」と「方針」は、こんな風に定まっていきました。

自分最適化への道①——シンプルすぎる考え方

コロナ禍で仕事の収入が激減し、「年金額は月5万円」という現実を突きつけられたわたしは、ともかくその額でやってみるしか選択肢はありませんでした。

ただし、選択肢がないことで、考え方はシンプルになりました。「支出が収入より少なければＯＫ」という誰でもわかる当たり前の発想です。

わたしは数字に弱いので、お金という数字に関しての考え方も具体的なハウツーもできるだけシンプルにしました。なぜなら、そうしないと続かない。お金のことばかり考える生活は避けたかったからです。

出ていくお金が入ってくるお金と同じくらい、あるいは少ないなら貯金は減ることはなく、まずは安心。これ以上ないくらいシンプルすぎる考えです。

それまで月に30万円前後の生活費で暮らしていたので「5万円生活？　とてもムリでしょ！」との思いがあったのは確かです。それでもとにかくトライ、実践あるのみを優先したのです。実際にそれだけしかいただけないのですから、ジタバタしても金額が変わるわけではありません。

このとき年金額が10万円、あるいは15万円だったら、その額の範囲で生活していたと思います。あとで考えると、「使える金額が5万円しかない」と決まっていたため懸命に頭を使い、あるものを目いっぱい工夫することができたのです。

年金での暮らしには、足りない分は「貯金を取り崩す」か「稼ぐことで埋める」か、という二つの道があります。

貯金を取り崩していけば、月日が経つにつれ不安は大きく膨らんでいくばかりです。働いて稼ぐにしても当時はコロナ禍で、仕事はおろか外に出ることさえできない状態でした。そもそも外に出られたとしても、わたしの年齢で仕事はあるのかというと疑問、たとえ見つかったとしても、わたしの性格ではストレスを抱えることになる可能性も高い……。

あれこれ考えた末に、たとえば**「2万円の節約は、2万円以上の仕事」**だと思いなおし、苦手なお金に向き合ったのです。振り返ってみれば、わたしの収入が月5万円という金額だったことが、いろんな恩恵をもたらしてくれたとも言えます。

自分最適化への道②——先取り貯金か、先取り生活費か

「お金を残すには先取り貯金が一番」とは、よく耳にする言葉です。

持っていると使ってしまうから、あらかじめ一定額をとにかく貯金しておき、残りを生活費に割り振る、という考えです。

これに対してわたしは、「先取り生活費」という考え方を実践しました。

これは貯金額を決めるのではなく「**使える生活費の額を決めておく**」方法で、一見、貯金額を決めておくのと同じことのように思うかもしれませんが、生活費が余ればその分貯金は増えます。

まず「自分だったらこの程度かな」と、必要な生活費を概算しておくわけですが、難しいのは、その際、どうしても「これまでの暮らし」が基準になってしまうことです。これまでの常識、これまでの普通……この延長線で、生活費の金額を想定することになります。その時、「これまで得ていた収入」に影響されるのは当然ですね。

生活における「自分の適量」というものは、収入に左右されます。「部屋の広さはこのくらいは必要でしょ」「洋服は、あそこのモノじゃないとダメだな」などなど、そうした「必要」は「収入」に比例していくものなのです。

その点、先取り生活費方式は、収入が増減しようとも、決めた金額以上の生活費は使わないということですから、その金額の範囲内で、どのくらいの暮らしができるのかという実験的な面白さもあります。

その際必要なのは、発想の転換です。企業でいうと、業種を変えるくらいの柔軟な発想といってもいいかもしれません。わたしの場合、20万円（家賃を除く）から5万円への生活費転換でしたので、それまでの「常識」や「見栄」を捨てるしかありませんでした。

詳細は前著に書きましたので概略をお話しすると、前述のようにまず保険は解約し、ファッション・美容費はほぼゼロにしました。

最初は思い切って5万円より少ない額を想定し、まずはそれで1カ月やってみました。そして、その暮らしのなかで、何が一番辛く、苦しかったかをじっくり考えてみた。それによって見えてきたのは、自分にとっての「必要」でした。

わたしにとって**最も辛かったのは、保険解約や美容費ゼロより「スイーツ我慢」**でした。これを乗り越えるために2～3カ月。それでも、たまに甘いモノ欲求が湧き、体調を崩さない程度に食べる。また、ご飯、たんぱく質をしっかり摂るなどで徐々に克服、今ではあまりに甘いモノを食べると気分が悪くなるほどです。それでも小豆、きな粉、サツマイモなどの身体にいいスイーツは今でも食し、ほっとする癒しとなっています。

生活費先取りのメリット

では、生活費を先取りすることの具体的なメリットはなんでしょうか。

■収入が減っても慌てず対応できる

使えるお金の上限は決まっていますから、年金以外の収入があったり、支出が設定額未満に収まった場合は、その分貯金が増えます。収入が少なくても設定額は年金以外の収入をあてにしていない金額ですから、慌てることはありません。また、暮らしを最適化する際はその理由を考えることになり、自分がどんな暮らしがしたいのか、それはなぜなのかが明確になってきます。

■この額で生活できる自分に対し、自己肯定感が高くなる

こんな心理状態のときにこれだけ使った、その日にこんなことがあったからこれだ

け使ったと、思い出すことで原因を特定。自分がどんなときに何をして、どれだけ使うかがわかります。ストレスのためにこれが増えた、減ったとわかることで、そのストレス要因と対処法がわかります。

叱られた、嫌なことを言われたときにお酒の量が増えた、買い物が増えた、甘いものが増えたとしたら、その酒量、買い物、スイーツの代金を払うに値するストレスだったかと考えることになります。

我慢してまでやることなのかと熟考することで、対処法を考え、解決への道を探っていきます。わたしの場合、これで打たれ強くなりました。打たれ強いのは、自己肯定感が高くなっている証拠です。

■人間関係もすっきりする

人との付き合いには、ある程度のお金がかかります。義理で付き合うほどバカバカしいことはないと気づくので、当然人間関係がすっきりします。

無理せず付き合える人、本音で話せる人との時間は、嫌な思いをすることなく楽しい時間や有意義な時間になります。経験から言うと、本音で話せない人とはどんなに時間を共有しても徒労に終わります。本音での話——家族や介護、老後の情報など——だけが役立つ情報、慰め、癒しになります。加えて、義理や見栄からの付き合いは後味の悪い思いを残します。

それでも一緒にランチをする人、映画や美術館に一緒に行く人が欲しいときはあります。そんなときには、それ自体を目的にする、他愛のないおしゃべりをしたり、少しおしゃれをすることでストレス発散して、お互い余計な負担をかけない軽い付き合いでもいいのではないでしょうか。

「物欲」はどうする？

物欲、遊びたい欲など、これまでは「欲」が生活を楽しくさせてくれると思い込んでいました。ところが実際はお金を使わない生活のほうが何倍も快適でした。

「自己欺瞞？」「やせ我慢？」「酸っぱいぶどうに例えられる負け惜しみ？」と、最初は自分の快適さに対しての疑心暗鬼。それも無理はないと思います。およそ70年とは言いませんが、60年もの間「快適さはお金がもたらす」という刷り込みが強かったのですから。ところが、このたび書籍が売れるなどの幸運から幾ばくかのお金が入ったときでも、つまり「お金を使える」状態になっても、まったく使いたい気になれないのです。たまにネットで何か買ってはみたものの感動はあまりなく、包装紙のゴミが増えるばかりで面倒が先立ちます。買ったものもそのうちゴミになり、手離すのに苦労するばかりです。

こんなプロセスを経て、気づきました。

生活を楽しくするものは、自分の頭で考えたアイデアが現実の形になったとき、食材の栄養素は値段に反比例するという法則を発見したとき（例外はあります）、新しい料理の組み合わせやリメイクするときのアイデアがひらめいたとき……。それらは日々の暮らしに散りばめられた小さな宝石でした。

その一つ一つはささやかなこと、あまりに小さなことです。でも、それが集まると大きな喜びになりました。小さな花がたくさん集まり、花束という贈り物をもらったような気分でした。小さな星をコツコツ集めていたら、それが散りばめられた素敵な夜空になったような日々……。

そして、そんなふうに足元を見つめて暮らすうち、いつの間にか不安が消えていることに気づきました。お金を使う喜びは一瞬で消える。でも、**使わない暮らしで生まれる喜びは、ほぼ永久仕様**だということに気がついたのです。

支出最適化への道のり

■欠かせない固定費は？

今、ＳＮＳやブログでは「10万円生活」「7万円生活」、拙ブログの「5万円生活」などの言葉が躍っています。なかには「何年で○千万」といった具合に貯蓄額を公表している人もいます。でも、それはあくまでも、その人のケースがそうだったというだけのことです。何年でン千万と言っても、収入額や持ち家の有無など環境によって大きく変わりますから、参考程度にして、あまり振り回されないようにします。

わたしの場合、とにかく月々の年金額は5万円と決まっているので、まずは動かせない固定費の把握から入りました。光熱費や水道代などのインフラ関係が1万円、住民税・固定資産税の月割りが1万円、通信費も1万円です。通信費はもっと安くする方法はありますが、パソコン作業はわたしにとって必須なためこの金額です。

残りは2万円です。この2万円をどう使うかは考え抜きました。

雑費、美容費、ファッション・書籍・音楽などの費用は、節約前にはもっとも大きな割合を占めていました。それを1万円に絞るまでのプロセスは、これまでの拙著に詳しいのでここでは省略します。食費1万円は、実験的に始めた額です。この食費が以後、わたしの生活の要になりました。

■朝起きてから寝るまでの生活を振り返る

現状把握には、自分の生活を朝起きてから寝るまでを振り返ってみるのが一番です。

仕事を持っている人はランチ代、自販機での購入、交通費、コンビニ、カフェ、ドラッグストア等での購入など、その日の行動と使った額を書き込んでいきます。その中で、これは必要ないなと思う項目をまずは書き出し、数字を減らしていきます。このとき、あまり理想を追わず、まずはできる範囲でやっていきます。

いきなりカフェ代を減らすのは難しい人は、その理由を考えてみます。

カフェでコーヒーを飲むと頭がすっきりする→美味しい珈琲豆を買って、自分で作り持参できるか？→カフェの雰囲気が好き、匂い、落ち着く？→自宅でできないか？

次に、その代金で何が買えるかをイメージします。たとえば、500円あれば自家製カフェとケーキまで買えてお釣りがくる、とか。

そして、こうした日常使いのお金がどのくらいなのかの概算を出し、それにインフラ代を足してみます。さらに医療費、保険といった項目は自分の身体状況と先を考え、その分を足していきます。病気はいつなんどき、どのような形で起きるかはわからない不確定要素です。だからこそ日頃の生活と少しの余裕で備えます。

ちなみにわたしの場合、医療費は毎月千円前後、先述のように保険は節約生活を始めてからはやめました。「保険は死ぬほうに掛ける倍率の低い賭け」との認識に至ったからです。死亡保険を受け取る子どもはすでに独立しているので必要ない。疾病（医療）保険も同じで、こちらは保険が下りるときに手続きが煩雑。病気の際にその煩雑さに耐えきれるのかと考えました。それならその分貯金して、いざというときにすぐ出せるお金として備えたほうがいいとの結論に至りました。

食費の最適化については別の章で詳しくお伝えします。食費は先々の健康のためにもっとも大切な要素。それを1万円以内にできたことは、支出最適化、プチプラ節約生活を達成できた大きな要素になりました。

■暮らしはリズムに乗って淡々と

日々の暮らしを一定のリズムに乗せてやっていくと、余計なことも考えず淡々と続けられることで、最適化への道はスムーズになります。

というのは、日常をリズムに乗って過ごしていけば生活はスムーズに進み、生活習慣は知識やアイデアを蓄積していき、運動習慣は日々身体を丈夫にしていきます。身体の硬いわたしは、毎日少しずつストレッチをしています。若い頃には成果をすぐに求めすぎ、やりすぎから余計に硬くしていました。でも、何事も「気持ちよくやるのが一番」と、少しずつ伸ばしています。掃除、洗濯、朝歩き、ストレッチ……毎日をリズムに乗って過ごしていると、毎日の蓄積が楽しみになり、時間が経っていくことが苦痛ではなくなります。

「時間がない！」「だんだん年を取っていくのが怖い」というこれまでの悩み、苦痛が、日々何かが蓄積されていくことで楽しみにさえなっていきます。

日々をリズムに乗って暮らしていると、身体にも脳にもリズムができてきます。暑い日、寒い日はムリをせず、身体のリズム任せ。眠いときには眠り、目が覚めれば起きる。毎朝窓をいっぱいに開けて外の空気を入れて深呼吸。自然はねじ伏せるものと感じていた頃とは大違いです。

シニアは自然とともに暮らすのが一番だと気づきました。

■一日の過ごし方——わたしの時間割

こうして、リズムを整えたわたしの一日のスケジュールは次のような感じです。

夏5時半　冬6時半　起床

朝、太陽の光で部屋が明るくなると目が覚めます。欠かせない朝の歯磨き　白湯、ヨーグルトシリアル、カフェオーレを飲み、簡単な掃除、洗濯ものがあるときには洗濯機に放り込み、外散歩（階段駆け下り駆け上りでその日の体調を確認）。

散歩から帰る頃には洗濯が終わっているので干し、自家製パンとツナ、卵などで朝食、必ずたんぱく質を摂取。メール確認、パソコン作業。

10時半　バナナ、リンゴなどのおやつ

12時　食事、休憩

お昼の食事は、昨夜の残り物が多くなりました。それがない場合は、卵焼き、サバ焼き、お好み焼き、親子丼、イワシ丼、キーマカレーなどです。この後出かけることも。

午後の時間　主に趣味の時間

リメイク、ＤＩＹ、読書、学びなど。あまりに夢中になって夕方まで終わらないこともあります。昼寝をすることも。雑務（洗濯ものを取り込み、片づけなど）

17時　食事の支度、入浴、ストレッチ
18時半　食事、休憩
片づけ、ネットで見逃し配信などを見る。手仕事をすることも。
ストレッチ
22時頃（冬は寒いので早めの21時半頃）
ベッドに入り読書、ラジオ

■「自然とともに」で無駄なエネルギーまで節約

晴耕雨読という言葉があります。晴れの日には田畑を耕し、つまり身体を動かし、雨の日には読書という、かつて「理想」とされた暮らしです。晴れた日に外に出かけたくなるのは人情。近くの公園を散歩したり、娘の家の近くにある商店街に安い野菜や豆腐を買いに行く。図書館やリサイクルセンターに行くこともあります。ここには70歳以上に配布される都営バスのフリーシルバーパスを使います。

おうち好きのわたしは、お天気が良くても家にいることが快適で、買い物や図書館

に行くことさえ億劫《おっくう》になることもよくあります。外に出るといつの間にか財布は軽くなっているもの。お金をあまり使わないのは、おうち好きも大きな要素になっているようです。

寒さに弱いので冬は身体に堪《こた》える季節です。湯たんぽを抱えて早めにベッドに入ることで、寝覚めもよくなりました。

家族と一緒に暮らす人は、相手のペースに合わせる必要も出てきますから、「日の出とともに目覚め」はともかく「日の入りとともにベッドに」は難しいかもしれません。それでも日々のルーティンをこなしたあとは自由にできるはずですから、自分の身体のリズムに合わせる暮らしを習慣化するのはさほど難しくはないのでは？

自然のリズムに逆らうと、身体のエネルギー消費量が大きくなります。加えて寒さが厳しい夜でもエアコンをつける時間が短くなり、電気消費量も少なくなります。夜も余計な興奮もないのでぐっすり眠れ、朝は気持ちよく目覚めることができます。

第 2 章

お金が貯まる人、貯まらない人は何が違う？

── 収入の多寡は関係ない!?

老後に不安はつきもの、と思っていました。

しかし、思いっきり少ない年金暮らしでわかったのは、「不安とお金はあまり関係ない」ということ。

「こうしなければ」という思い込みが、不安を呼びこむのです。

世の中には「不安」を煽り、「安心」を買わせる仕組みがあちこちに。

もちろん、それは自分の中にも。それを追い出しましょう。

「収入が増えれば貯金も増える」は本当？

お金が貯まる人と貯まらない人の一番大きな違いは、収入の多寡ではありません。収入が増えればもっと貯金できるはずと思いがちですが、実はほとんどの人が「もう少し収入が増えればなあ」と思っています。

「支出は収入の額にまで膨らんでいく」という法則があります。

今、あなたが15万円の年金をもらっていて「15万円で暮らすのはキツいなあ」と感じていたとします。でも、実は年金20万円の人も同じように「月20万円はキツイなあ」と感じています。

「あと○万円あれば助かるんだけど……」

収入の多い少ないにかかわらず、多くの人がこう感じているんですね。人はもらった収入に合わせて生活する、収入なりにお金を使う傾向があるからです。

「支出の額は収入の額に達するまで膨張する」

これを**「パーキンソンの法則」**と言います。人は収入が多いと、その収入の限度額まで使う、使ってもいい、使わなきゃと思い、実際使ってしまうということです。

わたし自身覚えがあります。フリーで仕事をしているので、月によって収入に増減があります。多くいただいた月には「よく働いたので自分へのご褒美」と称して急かされるように使っていた覚えがあります。

ギャラが多いということはよく頑張った証しでもある反面、それだけストレスが溜まっていたはずという思い込みがあったからです。「思い込み」と言ったのは、不労所得が入ったときでも同じ気持ちになるからですが、ともかく収入が多ければ多いで、その分使ってしまっていたということです。

20万円の収入があれば、たとえば家賃8万円の賃貸マンションに住む。15万円の人は6万円の部屋を選ぶかもしれませんが、その一方で、20万の人は10万円の部屋を、15万円の人は8万円の部屋を見て、このくらいの広さ、便利さだといいなと感じ、ちょっとぐらい無理しても……と思う人が多いようです。逆に、1万円でも安い部屋に越せばその分余裕が持てるのに、それを実行する人は滅多にいません。

実は、これを気軽に実行できる人こそ、お金が貯まる人です。

月収15万円の人が10万円しかもらっていないと初期設定し、その範囲内で暮らせば、毎月5万円もの余裕が生まれるわけです。収入より支出を少なくすれば、当然赤字は出ません。

わたしのケースでは、**決まって入ってくるお金は月5万円、この金額内で生活すれば、赤字は出ない→不安はない、**となります。

この原則はどんな家庭でも会社でも同じです。工夫で生まれる余裕は不安を払拭するだけでなく、前述したように自己肯定感を高めてくれます。なぜなら、自分の生活を自分で作ることは大きな仕事、一種の創造だからです。

「それ、いくら？」に答えられない人

何にいくら使ったのか思い出そうとしても思い出せない人は多いと思います。

欲しいモノを見たとき、多くの人は一応値段を気にしますが、あとで考えると覚えていないことが多いものです。「それ、いくらですか？」と聞かれても、言えない。

そのとき持っているお金や雰囲気で買ってしまうことが多いからでしょうか。

かつてのわたしもそうでした。思い出せないというより、思い出したくないという方が当たっているかもしれません。何にいくら使ったのかをすべて把握することは難

しいにしても、ある商品の値段とその商品の価値（良し悪し）、そして自分にとっての価値（必要と思う度合い）、この三者の関係から、それが適正価格かどうかを把握するクセをつけるようになってからは財布の紐は緩まなくなりました。

何かを欲しいと感じたとき、こうした「適正価格」が瞬時に頭に浮かぶようになるためには、「欲しい」と感じたときがレッスン・チャンスです。そこで「適正価格はどのくらい？」と考えているうちに冷静になり、そんな思考回路は条件反射となり、徐々に迷いはなくなります。

「欲しいと思ってもすぐに買わない」は、欲望を抑える鉄則ですが、そのとき、「**自分にとっての適正価格**」が瞬時に頭に浮かぶようになるとよりクールになれます。

モノを買うことで自尊心を満たす人

「モノを持つ」ことに価値を置いている人は、モノが自分の価値を高めてくれると思い込んでいます。たとえば高価なブランド品を持つことで、あたかも自分がそのブランドと同等な価値があるかのように錯覚するわけです。

急いで付け加えると、ブランド品を持つことがいけない、というわけではありません。いいモノを大切に長く使うことは、安ものを何度も買い替えるより長い目で見れば賢い選択になります。ただし、高価なブランド品を持つこと、買うこと自体に満足、自尊心がくすぐられる人は要注意です。

モノはそれ自体ではどんなに高価でも、その人の価値にはつながりません。逆に身にそぐわない高級品は、その人を貧相に見せることだってあります。高価なモノを持つことで自尊心を満足させる前に、なぜ高価なモノが自分を満足させるのかを冷静に考えてみましょう。

わたしもブランド品を買ったことはありますが、それは単に「人に見せるため」でした。ブランド品でなくても、今はセンスも質もいいモノが数多く出回っています。その選択眼こそ鍛えたいと思っています。

「サービスは高い」に気づかない人

かつて「洋服はデパートでしか買わない」という知人がいました。「デパートでは褒めてくれる、ちやほやしてくれるのが嬉しい」と彼女は言っていました。

ただしその分、高価なのは言うまでもありません。仕事ですごいストレスを感じていた彼女は、それをデパートの買い物で解消していた。「仕事で貶《けな》されたり叱られたりする嫌な思いを、ちやほやでうっぷん晴らしをする」とは彼女の言葉。自分でもわかっていたのですね。

時代はバブル、多くの人が浮かれていた時代です。それから30年あまり、時代は変わりましたが、今やサービスはより高価な時代に変わりました。人が介在するサービスには、人件費という高い労働対価を払わなければなりません。

高級ホテルのおもてなし、レストランのサービス……「こちらもいかがですか」「おきれいですね、こちらはもっとお似合いになりますよ」と、こんな褒め言葉とサービスはセットです。サービスは人件費、人件費は高いと思っておいたほうがいいですね。

自分のコンプレックスに気づいていない人

美しいタレントや俳優を起用するのはＣＭの常套手段。あの商品を使えばあの人のようになれると錯覚させます。そうは問屋が卸さないのは頭では重々承知なのに、なぜ人はそれを使えば「あの人のようになれるかも」と錯覚してしまうのでしょうか。

それはコンプレックスのなせる業ですね。

コンプレックスを刺激すると、その部分だけが脳内で大きくなり、それを打ち消したくなる心理が働くのが人の性《さが》です。

シニア年齢になると、顔や手にシミが出始めます。顔は鏡を見ない限り見えませんが、手は洗濯に洗い物、縫いものと大活躍なだけに常に目に入り、「老い」を自覚させます。

「顔の年齢は隠せるけど、手と首だけは隠せない」という言葉があります。

私自身、手のシミは嫌だなあと感じていたところ、ＳＮＳの「シミ取り広告」につい見入ってしまいました。それでも、どうにか理性を保ち？　ポチ買いはしなかったものの、「ン万円でシミを取ってくれる病院がある。ふつうは倍以上するのよ」という知人の言葉に心を動かされたこともあります。

病院に問い合わせると、予約がいっぱいだとのこと。そこで断念するか、あるいは予約がいっぱいなのは「効果があるからだろう」と余計に予約したくなるかは、その人次第です。「予約が取れない〇〇」と人気を煽《あお》る広告もありますね。

別の知人にその話をしたところ、「シミなんてコンシーラーで隠せばいいだけじゃない」「自分が見る分にはまったく関係ないしね」とのお言葉。「なるほど、その通り」だと感心して、その話は終わり。

シミ、シワと年齢を重ねるにつれ、なるべく見たくない部分は増えていきますが、それを「コンプレックス」ととらえるか、「自然なこと」ととらえるかで、大きく言えば人生は変わっていきます。コンプレックスのために人生を変えてしまう人は、案外多いからです。

容姿、学歴、収入、家柄……それらへのコンプレックスを意識していないと間違った方向に行くこともあります。広告には、このコンプレックスをくすぐるものが多く、いろんな方法で財布の紐を緩めさせようとしてきます。

安易に乗せられないためには、自分は何にコンプレックスを持っているかをしっかり意識すること。自分のコンプレックスを知ってしまえば、なぜこんなことに振り回されていたんだろう、と思うようになるものです。

もちろんコンプレックスが人を奮起させ、力を与えることもあります。でも、高価なモノをどれだけ買ってもコンプレックスは解消できません。それは常に、自分は誰かより劣った存在だと自分を貶《おとし》めるだけです。

そう、私も少し前まではいろんなコンプレックスを持っていました。でも「プチプラ節約生活」で見栄を捨てたとき、それも一緒に捨てることができました。**コンプレックスと見栄は兄弟、姉妹のようなもの**かもしれません。

ともあれコンプレックスは高くつきますから、ご用心！

キップのいい江戸っ子気質、あねご肌

あねご肌というか江戸っ子気質というか、大勢で集まると自分がお金を払わないと気が済まない人がいます。もちろん、こういう人はよほどのお金持ちでない限りお金は残りませんね。

「自分より上の人がいる場合はいいけど、その中で一番年長だとどうしても払ってしまう」という人もいます。彼、彼女はそうすることが年長者の役目だと思っている。そういうカッコつけはやめたい、やめようと思ってはいても、つい先延ばし。それが長引けば長引くほど、当然年を重ね、もっと年長者になっていく。

そもそも、こういう人は払わないと皆に悪い、申し訳ないという気持ちになることもあるようで、自分が払うことがアイデンティティ、存在意義になっている。こうなると余計にやめるのが難しく、散財を繰り返すことになってしまいます。

また、自分が年を取ったことに引け目を感じていると、どこかで払拭したいと願い、その表れとして「おごる」「ご馳走する」という行為に走る人もいます。

これをやめる方法として「端数」だけ払うという方法もあります。合計が1万5340円だとしたら、それを人数で割り、出た端数だけ払うわけです、3人なら1人分

は5110円になりますから、「1人5千円でお願い」と端数の「340円」だけ自分持ちにするわけです。慣れてきたら「完全割り勘でいきましょう」と。
そういう人は大勢で、それも若い人たちだけと一緒に行かないのが一番ですが、大

勢での食事は楽しいし、情報収集の一環。ある意味、必要経費になっていることもあるでしょうから、自分だけ皆より千円余計に払うといった方法もあると思います。

おごりグセのある人は気に入った服を見つけても、試着はしないようにしましょう。先の「サービスは高くつく」ではありませんが、「すごくお似合いです」「わあ、きれいです」「ぴったりですね」「これは人気ですぐに売れてしまうんですよ」といった言葉に弱く、また「せっかく試着させてもらったのに悪いな」との気持ちが起きて、つい「では、いただきます」ということになりがちです。

あねご肌と試着の挙句の思わぬ購入。この二つの行為、実は同じ心理の表れかもしれません。「相手に悪い」という心理です。くれぐれもご用心くださいませ。

子どもや孫への出費は別会計?

子どもや孫のための出費は惜しまない、というシニアは多いのではないでしょうか。わたしの場合、孫は今のところ一人。その孫に向こうの両親、叔父などの親戚が大勢いて、誕生日には「待ってました！」とばかりにたくさんの誕生日祝いが届きます。結果、家中がおもちゃでいっぱいという事態になっています。

少ない年金で暮らすわたしは、特別何も贈りません。これ以上、娘の部屋が散らかるのを避けるため、というわけではありませんが、その代わり、近くに住んでいるので、熱を出したといった緊急時には、なるべく駆け付けることにしています。娘の体調が悪いときには副菜を作って持っていくこともあり、娘と孫との外出時の食事、カフェ代はわたし持ちです。

わたしの場合、その回数が少ないのでいいのですが、これが頻繁《ひんぱん》だと困ることにもなりかねません。

孫の教育費、子供の住宅ローンの頭金まで払う人もいるとのことです。日頃のちょっとした出費でも「可愛い孫や娘だもの」と気前よく出していると、それが積もりに積もって……というよりも、彼らに依存心を持たせてしまうことになります。「せっかくだから、その分でこれを買おう」と散財を促すことにもなりかねません。

子どもとはいえ別世帯、彼らには彼らの考え方があります。だから子育てに関しても口出しはあまりせず、お互い過干渉はやめたい。子どもや孫への出費も「シブい」くらいの気持ちでいいのではないでしょうか。

特に目的がない人

いつか家が欲しい、留学したい、海外旅行したい、早期退職したい、推し活したい……目的がある人の生活は、何をやるにも張り合いがあります。逆にいえば、目的のない貯金は空しいだけでなく、持続させるのは難しいものです。お金に関係なく生活のミニマム化が習慣になっている人はいいのですが、習慣化するまでは目的を持つことが原動力になります。

わが娘は、あるアーティストグループのファンでファンクラブの会員登録までしています。年会費や年に何回かのコンサート代。わたしには高額に思え、「高いね」とある時ふと口にしたら、娘は猛反発。「この楽しみがあるから、毎日が励みになるのよ」と。

娘のパートナーもそれを理解しているのか、コンサートの日には、子どもと一緒にお留守番。娘はおめかしして張り切ってお出かけ。次の日はご機嫌なのはいうまでもありません。

人がハツラツと暮らすためには、衣食住が満たされていればいいだけではなく、「**希望投資**」なるものが必要だそうです。「希望投資」とは、趣味や学びのことですが、それを未来につなげていくことで、より積極的な意味、役割を持ちます。

目的は先々の暮らしをイメージすることで、今の暮らしの指針になります。それは人だけが持つ、未来を想像する力です。

目的という遠い灯りが見えるから歩いていける。それは希望という灯りなのです。

お金持ちはモノを買わない

お笑い芸人マシンガンズの滝沢秀一氏は芸人の傍らゴミ収集の仕事をしています。

彼の著書『やっぱり、このゴミは収集できません』（白夜書房）には興味深いことが書いてあります。

「金持ちの家のゴミは少ない」というものです。それは彼だけの結論ではなく、仲間に聞いてみても同じだといいます。その理由は次のようになるようです。

①あるモノを自分の部屋に入れるとき、それが部屋にどんな変化を起こし、どんな影響が起きるかを冷静に見極めている。

何を買うにしても、じっくり吟味してから買うわけです。自分の審美眼に自信があり、生半可なモノでは満足できないため余計に慎重になる。逆にいえば審美眼を鍛える鍛錬をしてきたからこそ、お金持ちになったとも言えます。

②金持ちの部屋が片付いているのは、あるべきものがあるべき場所に収まっているから。

映画に出てくる金持ちの部屋には調度品が多く、それらがひしめきあっている部屋もあります。それでも調和を感じさせるのは、たとえば絵画やオブジェ、書籍など全体の調和がとれているからでしょう。一つ一つを自分の趣味趣向と常に照らし合わせ、「これは自分にふさわしいか」「今自分の部屋のあるモノとの調和は取れるか」を熟考し、ようやく招きいれる。一つ一つが「その人を表す」という軸が通っていて、その人自身と共鳴しているので、モノが多くても騒がしさがないのです。

③お金のある人はいつでも買えると思うので、慌てて手を出さない。

「安い」という理由で財布の紐を緩めることはないのです。先に挙げたコンプレックスがあまりないという理由もあるのではないでしょうか。コンプレックスを意識的に克服したからこそ成功したともいえます。

「欲しい」と感じたとき、それを「買えない」自分をミジメに感じるのは、お金に依存しているからです。買えない＝お金がない＝お金がない私は可哀想。そういう人は、「これならいつでも買える」と思ってみてください。

「それがなぜ欲しいと思ったのか」を考えてみると、多くの場合、ほかの人が持っている、テレビで見たなどの外的要因が多く、人が持っているのに自分は……となる。つまり、いつも自分と人を比較する傾向があることがわかります。

わたし達は、外からの情報によって情動が動きます。ＣＭや人が持っているからという理由で「欲しくなる」ことは頻繁にあります。

情報は諸刃の刃です。あるモノが欲しいと思ったとき、「なぜそれが欲しくなったのか」「その欲望はどこから来ているのか」と考えてみましょう。その上で、それは本当に自分にふさわしいのか、似合うのか、今の自分の部屋、暮らしにマッチしているのかを照らし合わせてみます。

この一連の作業は、自分の欲望と他人の欲望を区分けすることです。それによって今の自分の生活や暮らしが明確になるだけでなく、将来どんな自分になり、どんな生活をしたいのかまで浮き彫りにしてくれます。

それが浮き彫りになることで、無理なく目標に向かうことができる。今の自分にはふさわしくない、でもいつかこれが似合う自分になりたいと。

時間が経てば気持ちは変わるかもしれないし、変わらないかもしれません。どっちにしても時間、猶予、余裕はいろんなことを教えてくれます。

それを避けるには「買えない」の「え」を「わ」に変える。**「買わない」と自分の意志にすることで、自分を冷静にコントロールしているという満足感が得られます。**

こうしてゴミ予備軍は減り、逆に貯金は増えるという喜びを得てください。「貯金」とは、未来への満足、幸せ、安心を貯めることでもあるのです。

「欲しい！」と思ったときには……

たとえば、ある家電の調子が悪くなったので買い替えることにしたとします。その場合、買える範囲の値段、予算をあらかじめ決めておくことで、情報収集の範囲を絞り込むことができます。たとえば「5万円以内」と決めた場合、5万円以上の品物を見る必要はなくなります。

限度額を決めておくことで、迷いは減っていきます。「便利な機能」にはキリがなく、今持っているモノの中にも使っていない機能は山ほどあります。自分が使える機能には限りがあり、それ以上を追求するなら学ぶ熱意が必要です。それに見合う機能かどうかを考えることで、便利さに振り回されずに済みます。

洋服なら「何千円以上なら買わない」と決めておけば、どんなに惹かれてもパスできます。わたし自身は、洋服は「素材は天然素材、色はマイカラー」と決めてからは、自然と買わない選択肢の方が多くなりました。似合わない色や化繊の洋服は肌ざわりが合わず、結局身に着けないことが多かったからです。ネットで買うことはほとんどなくなりましたが、買う場合も「価格」「色」「素材」を絞りこめば、余計な情報に惑わされずにすみます。

選択の範囲が多いことは一見いいことのように思えますが、「人はこの選択に多くの時間を使い、しかし結局はいつも同じ選択に落ち着く」（『選択の科学』（シーナ・アイエンガー著　文春文庫）。**使えるお金が少ないことは不自由ではなく、のちの自由につながっていく道**なのです。

この考えに沿ってモノを選んでいけば、節約している意識もなく、自然な行動がおのずと節約につながり、いつのまにかお金は貯まっているわけです。

Column ❶

家事スキルのお値段

プチプラ節約生活を始めた頃、衝撃的なテレビドキュメンタリーを見ました。それは『車中の人』という番組で、道の駅の駐車場に車を停め、住んでいる人たちの話でした。

多くは男性で、彼らのほとんどは年金暮らしでした。年金額10万円、12万円と、わたしのいただく額より多い人たちでした。その額の年金をもらっているのですから、少し前までは普通に働いていた人たちです。リストラや病気などで退職し、さまざまな事情を抱えながらその場所にたどり着いたのです。

駐車場に住む主な理由は、「この額では家賃が払えない」が主な理由でした。たとえば5万円の家賃を払うと、残りは5万円、7万円程度になります。それを差し引いた金額で、ガス・水道・電気といったインフラ代、ティッシュなどの日用品、そして食費を賄うことになります。それではとてもやっていけないと思い、「家賃を節約する」ため駐車場暮らしになったのです。

駐車場併設のトイレで用を足し、身体を拭き、そして肝心の食事はというと、道の駅の売店で買うお弁当です。その額は5万から7万円にもなっていました。

それでも使うのは食費だけなので、ここで暮らせばそれ以外はあまり必要としないと彼らは考えたのでしょう。しかし、毎日三食を弁当で賄う食生活、一日中車の中にいて、運動することもない食生活は、確実に身体を蝕《むしば》んでいくと思われました。

年金12万円でも、このような暮らし。それより少ない額しか頂いていないわたしは考えました。彼らに足りないことは何だろうかと。

それは明らかに「家事スキル」です。

家事には掃除、洗濯などさまざまな分野がありますが、なかでも大切なのは台所周り、特に料理です。それができるとできないとでは、暮らしは格段に変わります。自炊と外食では、食費は大きく変わってきます。

それまで「家事」という作業に重きを置かなかったわたしは、その大切さを再認識しました。家事ができる、できないは、サバイバルできる、できないにかかわる要素なのです。

それまで仕方なくやっていた家事がわたしのなかで大きく膨らみ始めました。

なかでも健康にかかわる食べることは、最優先課題になってきました。

ちなみに、主婦の家事を労働対価に換算すると1時間でおよそ１５００円程度、月収にするとおよそ30万円、年収では３６０万円にもなるとのことです（総務省の「社会生活基本調査」調べ）。家事労働の価値はこれだけでもよくわかります。

それはともかく月１万円の食費で健康に暮らすことと、月７万円の食費で不健康に暮らすこと。その差額６万円、年間72万円という金額だけの問題ではありません。医療費、ＱＯＬ（生活の質）の違いなど、お金に換えられない違いが出てくると確信したのです。

さて、番組に出ていた一人は番組の関係者の世話で部屋を借り、駐車場暮らしから抜け出すことになるのですが、その人が家事スキルを身に着け、健康に穏やかに暮らしていることを願ってやみません。

最近でこそ、男性が料理をはじめ、家事をこなすことも珍しくなくなりましたが、現在およそ60歳以上の男性のなかには「男子、厨房に入るべからず」と言われて育った人も多く、家事や料理などまともにできない人も珍しくありません。
彼らのなかには、連れ合いを亡くした途端、自分の靴下さえどこにあるかわからず、まして自分で食事を作るなど思いもよらないのか、弁当に外食といった「駐車場暮らし」と大差ない食生活を送ることになっています。まずは「家事の基本」的な本を一冊購入し、少しずつでも家事にトライしてみることをおすすめします。

家事スキルのある人、ない人の5年後の健康面、金銭面、メンタル面でどのくらい違いが出るかを表（P78）にしてみました。じっくり見て、自分の先々をイメージしてみてください。

家事スキルのある人、ない人

家事スキルのある人	家事スキルのない人
食費が節約でき、お金が貯まる	外食、コンビニ食が増えるのでお金が出ていく
日常の暮らしのクオリティが高まる	エネルギーを高める身体にいい食事がとれず、生活の質も下がる
長く健康を保てる	糖尿病、心臓病、脂質異常などの疾患率が高まる
医療費がさほどかからない	医療費が積み重なり貯金が目減りする
家や自分自身の清潔が保てる	ゴミ屋敷になる可能性が高い
将来への不安が減る	食費・医療費などの出費が増え、健康不安も増す

第 3 章

なぜ「高価なモノはいい」と思い込むのか

——節約を邪魔する心理

お金と不安の関係を、モノに焦点を当て、心理学的に考えてみました。

一見「ケチ」とも見える京都の「始末のいい暮らし」は、実際に目にすると、合理的で、また優雅。

実はほとんどの場合、値段と質に相関関係はありません。

だから「自分基準」で選択し、その選択眼を養いましょう。

それが「優雅で、知的な節約」と、だんだんわかってきます。

質と値段の法則

「安物買いの銭失い」という言葉があります。質のいいものは高い、高いものは質がいいと思われていますが、果たしてそれは本当でしょうか。

今ではプチプラコスメが優秀なことはよく知られています。実際、基礎化粧品のニベアは高級基礎化粧品と成分は変わらないのです。

少し前に「ニセモノと本物」を見分けるテレビ番組がありました。高級品と百均グッズ、高級和牛と安い牛肉などを並べ、どれが「本物」かを当てる番組です。高級品を買い、グルメを食べているタレントたちでさえ、その真贋《しんがん》がわからず右往左往する様子が面白い番組でした。

ここで言いたいのは、安くてもいいモノがある、ということではありません。高いモノのなかには安価なモノとあまり変わらないモノがあるということです。あるモノの値段が高い安いという前に、自分にとっての適正な価格と質を考えることが先。モノが先にあるのではなく、自分が先にあるということです。

たとえば、わたしの1万円食費で「イワシ」は大きな位置を占めています。最初こそ、安いという理由で買っていましたが、実際、食べると美味しい上にどんどん健康になりました。そうなるとレシピの幅も増え、今ではスーパーにないと寂しい、もの

足りないとまで感じるようになっています。

ちなみに、安さと栄養の関係からいうと、イワシ、レバー、サバ、豚肉、牛肉という順で優秀ということになります。そして、今のわたしにとってはおおむね「美味しい順」でもあります。

安売りのトリックを知っておく

こんな話があります。

あるスーパーでそれまでの「安売り」「値引き」をやめて、常に適正価格で売り出しをしたところ、途端に客足は途絶え、そのスーパーは倒産の危機に陥ったそうです。急遽、売り方を前に戻し「50%引き」「30%引き」と大売り出しをしたところ、店は再び盛況に。

多くの人は「適正価格」より「安売り」「値引き」のほうにお得感を感じるようです。

確かに「適正価格1万円」より、「2万円のお品を半額の1万円で！」と表示してあるほうが、お得な気がします。わたしもよく引っ掛かったものです。それを使うたびに「本当は2万円のお品」と満足なわけです。最初から本当の価値は1万円でもね。

こんなトリックに多くの人が引っ掛かるのには、いくつかの理由があります。

①その品物の値段が本当に適正価格なのか、見分ける力がない。

②2万円の品物が1万円で買えると思うことで、1万円得したと思う。

その品物が本当に2万円の価値があるのかどうかはわかりません。買わない選択をすれば、1万円は手元に残ります。それでも「使うお得」を選ぶ。

③高級品のトリックを知らない。

ニセモノのブランドバッグは、たとえば本物が15万円だとすると、2万円で売るより6万、7万円で売るほうがよく売れるといいます。2万円ならニセモノだからこんなに安いのだろうと思ってしまいますが、6万円だと本物と思ってしまう。

ブランド品に関してはわたし自身、恥ずかしい失敗をしたことがあります。大金を得る機会があったとき、駅の近くの店であるブランドのバッグを買いました。新しい型だし、と7万円で購入。おまけに蜂蜜で作ったボディスクラブまでくれました。

安い上におまけ付きだ！　ある日、電車に乗ったときのことです。バッグを膝に置いて座っていると、いかにもなおじさんがスタスタとやってきて一言。

「そのバッグ、ニセモノだよ」

幸い、電車は空いていましたが、それでも周りの人がチラ見しています。

「ほら、この部分が反っているだろ。ニセモノの印。見る人が見るとすぐにわかるよ」

そのあと、こう続けました。

「ニセモノはただの塩化ビニールだから数千円、まあ、本物だって素材は同じだけどね」

そのニセモノバッグは、今も押し入れの奥にあります。ニセモノと断言されたバッグは使うに使えず、それでもブランド仕様の模様が目立つので捨てるに捨てられない。いつか袋に入れて捨てるしかないですね。

「値段が1万円程度だったら買ってなかったな……」と思うと、自分の愚かさが恥ずかしくなります。

かつてのわたしほどではないでしょうが、高いモノ＝質がいいという思い込みは多くの人にあります。その心理的な誘導効果は結構大きいものです。

プラセボ効果

プラセボ効果というのもあります。プラセボとは主に薬に使われる心理学用語で、「薬成分を含まない偽薬でも、その薬だと信じて飲めば一定の効果が期待できる」という現象です。この「プラセボ効果」は大きいらしく、今やニセモノ薬を堂々と売っている会社さえあります。薬の飲み過ぎを防ぐためで、形状は本物と同じ、中身はただの飴に近い食材です。

「(同じような成分なのに)安い化粧品より高価な化粧品を使ったほうが、よりきれいになった気がする」もそれに近いものですが、その「気がする」は、長続きはしないとのことです。

また、ホテルの高級ラウンジで飲むコーラは自販機のコーラより美味しく、茶会でベテランと言われる人が煎れたお茶は有難くもおいしく感じますよね。

このように場所や雰囲気はとても大切で、その効果を一概に否定はしませんが、そのためにだけ高いお金を払うのはバカバカしいですね。もちろん、仕事や友人との会食などのために払うのは「楽しみ費」として必要な場合もありますが……。

架空の世間に褒められたい

高いモノを持っているという自尊感情も侮《あなど》れません。「高いモノでも買える私」に満足するわけです。

そのとき、頭の中には「架空の世間」のイメージが大きく広がっています。「架空の世間」はあくまでもイメージなので、実際に誰かが「すごい！」と言ってくれるわけではありません、ただ、その「架空の世間」に登場するのは具体的には誰なのか、友人、仕事関係などを特定していくと、その人になんらかのライバル意識、あるいはコンプレックスを持っていることがわかる場合もあります。試しにやってみてください。自分のことがわかってきて面白いです。

差別化と優越感

ブランドものは、自分とほかの人を差別化し、優越感を持たせてくれるものです

（多くの人が持っている某ブランドに関してはもはや差別化というより、自分だってそれなりのモノを持っているという安心感でしょうか）。

先にも述べましたが、高いモノにサービスはつきもの。「おもてなし」という言葉があるように日本はサービスが当たり前の社会ですが、高級ホテルが至れり尽くせりのサービスを提供するのは、当然「高価な宿泊料」を落としてくれるからこそ。そこには、サービスを提供する側の人件費がたっぷり入っているわけです。

人が高価なものに惹かれる心理は「ウェブレン効果」とも言われます。大金を払うことで自分は成功していると勘違いすることを言うのですが、「勘違い」というところがいいですね。大金を使う＝成功とならないのは言うまでもありませんが、お金持ちへのコンプレックスがあると、その表面だけマネして「その気」になろうとするのかもしれません。

「本当のお金持ちは、無駄なお金を使わない」は、今や定説です。

Column ❷

京都の「始末」と「ケチ」

京都の人の暮らしの特徴として堅実、言い換えると「始末」という言葉があります。京都に行ったとき、わたしの節約精神と京都の始末には通い合うところがあると言われ、意外な気がしました。プチプラ節約生活も京都人の言葉で翻訳されると、なにやら古式ゆかしき、優雅な行為に思えるから不思議です。

京都から帰り、気になったので「京都人の始末」とはどんなことを指すのか調べてみました。

『京都人が書いた「京都」の本』（PHP研究所）によると、京都人には派手なことを嫌う気質があるそうです。正確にいうと決して派手が嫌いなのではなく、目立つことをして周囲との軋轢を避けたいとのことです。

次に、京都人はムダなものは買わない。東京人だってムダなものは買わないと思うのですが、きっとムダの範囲が違うのですね。人が買っているからとか「流されて」、なんとなく欲しいからとか買うことが少ないとかで、何が欲しいか、なぜ欲しいかが具体的にあり、徹底的に吟味するので、「ケチ」との印象を抱かれるのだといいます。

なるほど、このあたりは確かに、わたしの「あるもので工夫する」と共通しています。

わたしにも欲しい家電がいくつかありました。たとえばルンバ（ロボット掃除機）。たとえばヘルシオ（新方式のオーブン）。この二つの電化製品があれば、毎日の掃除や料理が楽になるのではないかと早速吟味してみました。

その結果、掃除は運動だと思えばいいし、普通のグリルでも簡単に料理はできるという結論になりました。そんな風に、欲しいものを吟味してみると、ほとんどのモノはなくてもＯＫという結論になります。

そして三つめは、京都人は「モノを捨てない」。

モノが壊れても修理してまた使う。食べ物も捨てるところなく食べるし、日用品も徹底して使う。私の場合も確かに、一枚の布を着物からテーブルクロス、カーテン、洋服にと「始末―始めから終わり」まで使いつくしています。京都の「始末」は、まさにわたしの「節約」そのものと思えてきます。

第 4 章

「ごきげん節約」のためのナインルール

── ゲーム感覚で不安解消!

「プチプラ節約」は不安をなくすための、そして健康になるための節約。
そこにはアイデアや工夫が必要です。
節約は「知的ゲーム」。
ゲーム感覚でやるから楽しいし、続けることができる。
ゲームには、当然ルールがあります。
ルールに従ってやるからこそ、頭を使う楽しさも生まれます。

ここでは、節約ゲームを楽しく行うための9つのルールを紹介します。節約を辛い、厳しいと思っているあなたでも無理なく実行でき、絶対に節約が楽しくなるおすすめの方法。もちろん「全部やれ！」なんていいませんから、できることから始めてください。

1 「楽しい、易しい、これなら」と思えることから始める

節約というと細かいことに気を使い、お金を出すときにはためらい、モノを買うことや楽しいことに罪悪感を抱き、友人と食事をしても払うお金が気になる……そんな身が縮むようなイメージがありますよね。

わたしも最初はそんなイメージを抱いていましたが、自分で実際にやってみると全然違いました。節約には、部屋を片付けた後のようなすっきり感、目の前のご飯を全部食べ切る気持ちよさ、ぴったりの洋服を身に着けたときの、あるいは着物をきれいに着て帯をポンを叩いたときのようなシュッとした感じ。そんな気持ちよさがたくさ

んあることに気がついたんです。

慌てて付け加えますが、私自身がそんな暮らしをしているわけではありません。まだまだ無駄も多く、洋服だってすべてぴったり似合うわけではありません。それどころか、むしろ「無駄は楽しい」と思っているフシすらあります。

それでも、限りあるお金やモノを的確な場所に置き、使うことは気持ちいいので、節約を自分のものにして**「自分を豊かにする」には、節約を楽しいイベントにするのが一番**です。

料理が得意なら、安い食材を美味しく料理することに挑戦してみる。

買い物が好きなら、今目の前にある「欲しいモノ」は、すでに持っているモノとどう違うのか考える。

旅行が好きなら、もっと行くために何を省けるかを考えてみる。

楽しいことを思い浮かべ、「こうしなければ」を「こうしたい」「こうすればいいかも」と、これまで使っていた脳をギアチェンジ。脳はどんどん動き始めますよ。

2 お金のことばかり考えない

お金と恋は、追いかければ追いかけるほど逃げていきます。いやホント、若い頃には……。いえ、それはともかく、節約を表す英語には「Economizing」と「Saving money」とがありますが、前者は「経済的にお金を使う」です。つまり賢く使う、コスパがいい使い方とでもいいましょうか。後者の「Saving money」は、お金を守る。Save には「守る、救う、蓄える、とっておく」という前向きな意味があり、なぜかほっとします。

このように、**節約はお金を守るためにするわけですが、お金のことはいったん忘れたほうがうまくいきます。**

なぜか。人は、そのことばかり考えていると囚《とら》われ、操られてしまう傾向があるからです。例えば煙草をやめる決心をした人は、煙草のことが四六時中頭から離れず、ついに吸ってしまう。アルコール中毒しかり、砂糖中毒しかりです。

お金に囚われ、支配されると「お金を使ってはいけない。節約しなければ」という気持ちが重くのしかかり、逆に欲しくもないモノを買ったり、食べたりすることになりかねません。

お金のことは頭から追い出し、目の前の「楽しい」ことに集中したほうが節約は断然うまくいきます。好きなことに集中しつつお金のことは片隅に置く、どこか気にしている。そんな状態が続けば、いつのまにかお金が増えているという具合です。

3　ピンチを楽しむ

どんなことも同じですが、義務としてやる節約はよほど意志の強い人でないとうまくいきません。意志の強い人は、こういう本を読む前にもう始めていますよね。

わたしの場合は、崖っぷちに立ったところで節約生活を始めたので、「それは切羽詰まった挙句に自分に課した『義務』ではないの？」と思うかもしれません。

実はわたし、「義務」とか「ねばならない」とかの言葉が苦手、というか「義務」になった途端「やりたくない！」となる傾向が強い人間です。そのため崖っぷちに追い込まれたときには、いつも物語の世界に入りこみます。自分を追い詰められた主人公に見立て、どうやればそこから脱出できるかをイメージするのです。

少し前に『大ピンチずかん』（鈴木のりたけ　小学館）という子ども向けの絵本がベストセラーになりました。牛乳がこぼれた、トイレに入ったものの紙がない、何かの拍子に軒並みに並ぶ自転車をドミノのように倒してしまった……。こんな子どもの生活のなかで起きるピンチをどう乗り越え、解決するのかを描いた絵本です。

5歳の孫にねだられて買ったのですが、孫は一日中でもこの絵本を眺めていて、牛乳がこぼれたら「ピンチだ！」と喜び、トイレに入っては紙がないといって喜び、自分ならどうするかの「解答」をいくつも考えています。

「お金がない！」は、大人にとっては大きなピンチです。しかし今の時代、すぐに食べるにも困るわけではなく――いえ、困るという人はすぐに福祉事務所に行きましょう――小さなピンチで身体や脳を馴らし、本当のピンチのために日々備えるわけです。

4　行き詰まったら一旦停止

どんなに楽しいゲームだって一日中やっていたら疲れるし、飽きてしまいます。没頭するあまり寝食を忘れ、身体を壊すことだってあります。ゲームはほどほどに楽しむのが一番です。

節約ゲームも同じです。節約を始めたばかりの頃は、「もっと安いものは？」「ムダ使いしていないかしら？」「ああ、また買っちゃった！」といろんな思いが交錯して頭がこんがらがり、嫌になることがありました。

また「ケチ」と「節約」の違いがわからず、自分の「セコさ」に嫌気がさすこともありました。

そんなときには「一旦停止」にかぎります。行き詰まるとは息が詰まること。行き止まりは息が止まること。こうならないように、苦しくなったら美味しいものでも食べて、欲しいものでも買ってしばし休憩。

英気を養ったらゲームの再開です。何度でもやり直せばいいのです。その間にも、節約精神は確実に育っています。だって、苦しい、嫌だの原因は、それまでの「節約」のイメージに囚われているからで、自分ではなく節約のほうを主役に置いてしまっていることにあるのです。

わたしの「プチプラ節約」の主役は節約ではなく、あくまでも自分。主役の自分を知り、伸ばしていくために節約という手段を使う。これが楽しくないはずはありません。

5 サバイバル小説やドキュメンタリーを読む

節約に疲れたり、嫌気がさしたとき、わたしはベッドに寝転んでサバイバル小説や旅行記、ドキュメンタリーをよく読んでいました。たとえば『ロビンソン・クルーソー』。無人島で暮らすことを「憧れ」にした著者ダニエル・デフォーはたいしたものです。しかもこの話、実在の人物をモデルにしたというから迫力満点です。

旅行記では沢木耕太郎の『深夜特急』シリーズでしょうか。旅は人生に似ている

――言い尽くされた言葉ではありますが、彼の本を読んでいるとつくづくそう思えます。たとえばこんな一節、「旅をしていると大事なことがわかってくる。寒いときには温かいお茶が一杯あればいい。お腹が空いているときにはおむすびのひとつが食べられればいい。生きることに必要なものはほんのわずかなのだということがわかってくる」

ここまではよく聞くセリフでもありますが、続きがあります。

「……旅から帰ると誰もがそのことをすぐに忘れてしまう。だが、それはそれでいいのだ。旅先で覚えたその痛切な思いは、決して消え去ることはない。私たちの体のどこかに眠っていて、必要な時に呼び覚まされることになるはずなのだ」

若い頃、一人上京したわたしにとって、貧しさは当たり前のことでした。それでも自分の力で生活できることが嬉しくて、お腹が空いたときに食べたあの料理、この料理がたまらなく美味しかったものです。それらが高価な一品だったはずがありませんが、今でもお腹が空いたときに無性に食べたくなります。あるいは、何もない部屋、欲しいけど買えなかった何枚もの洋服……。それも楽しかった大切な思い出です。

今やゲームの世界でも冒険は欠かせない要素です。その冒険を日常に取り入れるつもりで遊んでみてください。サバイバル小説や旅行記、ゲームは、わたし達の暮らしにまた別の光を当ててくれます。もしかしたら、この生活って楽しいかもと思わせてくれる別の視点を与えてくれます。

どんな日常にもマンネリはやってきます。そんなときにはこんなジャンルの物語に触れ、活を入れてみてください。

6 SNS・ブログで可能性は大きく広がる

楽しく節約を続けるために、今はよい方法があります。インスタグラム、ユーチューブなどのSNSにアップすることです。これらSNSとは少し機能が違いますが、ブログアップも有効な手段です。

今やSNSやブログ全盛時代、参考になるサイトは星の数ほどあります。あまりに多いので「わたしなんかがやっても……」とメゲるほどです。

それでもそうした場にアップすることで他人の目にふれ、反響をいただければそれが励みになったり、ヒントがたくさんもらえます。アフィリエイトやアドセンスでお金を稼ぐ、承認欲求を満たす、などの使い方もありますが、これもまた余計なことは考えず、最初は単に自分の記録としてひたすらアップする、これでいいのではないでしょうか。

ブログは成長ツール、とわたしはとらえています。着物にハマったときには、まったくできなかった着付けですが、日々ブログにアップしながら練習するうちに上達していきました。

所属しているブログ・プロバイダーは、アクセスがどんなに増えたところで特典はなく、なにしろブログのテーマが「買わない生活」ですから当然アフィリエイトもなく、1円にもなりません。でも、かえってそれが続ける動機になっていました。ブログ・アクセス数でお金が入ると、それが励みになる人はいいのですが、わたしは「こんなに書いてもたったこんだけ？」と逆にやる気をなくすのではないかと思います。

心理学に「この作業をやるとこれだけのお金」と提示するより、無償だけどこういう意味があると言われた方がやる気が出る、続ける人が多いとの結果があります。

ブログがブレイクすることもあり、まさにその幸運な一人になりましたが、それはあくまで結果論。それでもこれからの時代、自分のコンテンツをSNSやブログにアップすることで書籍化などの可能性が大きく広がることは間違いありません。そんなことも視野に入れつつ続けていくことで、アイデアにも磨きがかかるのではないでしょうか。

7 比べている場合ではないでしょ！

ブログをやっているとほかの方々の華やかなコンテンツが目に入り、それに比べて自分の生活は……と落ち込むこともあります。わたしもブログをやり始めた頃は、よく周囲のブログと比べていました。

最初に始めたのは着物ブログでしたが、ほかのブログといえばブランド品やら高級品やらが多く、そういったブログは当然アクセスが多い。高級品もブランド品も買えない、おまけにきちんと着付けができない当方は惨たんたるものでした。それでも着物が好きだったのでせっせとアップ。

そんなあるとき「高級品を買えないならプチプラ着物でいいや」と、ようやく自分の方針を見つけました。

「着物は高価」と思い込んでいる人は多く、そのため「夢が壊れた」という人もいましたが、「こんなに安く買えるんですね。それなら私も」と喜んでくれる人も多かったのです。それがのちには「プチプラ節約生活」にも生かされていくことになるのですから、わからないものです。

「プチプラ節約生活」も注目されませんでした。料理、インテリア、リメイクと衣食住の工夫と節約をアップしていたのですが、料理は美味しそうなブログがいっぱいあります。インテリア、リメイクもしかりです。しかしその三つすべてが「節約＝プチプラ」で一貫しているとなると、注目してくれる人が徐々に増えていきました。

ブログは日々、そのとき、その瞬間を切り取った断面だけを見せるツールです。全体を通して見るとまた別の印象になってきます。全体を通したテーマが浮き彫りになったときに初めてそのブログの印象が決まる。だから日々のブログでアクセス数を競うやり方は、消耗するばかりだと思います。

減った、増えたと一喜一憂しないで、自分の書きたいこと、やりたいことをアップ。その中で工夫していく面白さを見つけることで自分自身の成長にもつなげる。それが長く続けるコツだと思っています。

8 「不安お化け」に踊らされない

どんなゲームでも始める前は不安になります。節約前にはあまりお金のことを考えなかったのに、節約をし始めた途端、お金の不安に襲われることがあります。それはそれまで見ない、考えないようにしていたお金のことが大きくクローズアップされてくるからです。

それまで、考えもなく使っていたお金なのに、「これ、買っていいの?」「こんなに使っていたのか!」と迫ってくる。それが怖いので、余計にお金について考えないようにする。節約生活を始める前のわたしがまさにそうでした。お金がないからこそお金を使う。自暴自棄心理とでもいうのでしょうか。「お金のない人はその日暮らし気質の人が多い」とも言います。多少貯めても、今の暮らしが変わるわけでもなしと思ってしまう。そしてすぐに「まあ、なんとかなるわ」と自分をなだめる。

経験者ですから、節約生活を始めると不安が大きくなる気持ちはよくわかります。

それを避ける唯一の方法は、**目の前のことに集中する**ことです。

今日何を食べようか？　何を作れば安くて美味しいご飯が食べられるのか？

あの便利グッズが欲しい。それはほかのもので代用できないか？

ＣＭやドラマで見たあの洋服、アクセサリーが欲しい。それを買ってどうする？

などと、自分の気持ちを確かめながら行動することです。足元を見て一歩一歩、歩くことです。

不安とはお化けのようなもの。自分の影といってもいいでしょう。影は光の加減によって大きくなったり、小さくなったりする、実体のないものです。

不安はいったん横に置き、お金のことも棚に上げ、まずは歩き始めてみましょう。

9 「作業興奮」を利用する

「作業興奮」とは、あることをやり始めると、どんどんその対象にハマっていくことです。気が乗らないままに始めたものの、やり始めると面白くってどんどんやってしまう経験がある人は多いのではないでしょうか。

朝、仕方なく始めた窓のガラス磨き、やっているうちに、あの窓も、この窓もと、気が付いたら全部の窓ガラスを拭いていた。面倒だった料理も、やり始めると、あれも作りたい、これも作りたいといろんな料理に挑戦していました。

学生時代、一つの教科ができるようになると、ほかの教科の成績も上がっていく人がいました。そういう人は、作業興奮に陥りやすい人。節約でも、やり始めたら面白くなる、そんな「興奮」を持続させてください。

この章では、節約を楽しむためのルールを紹介しました。ときにはイエローカードが出ることもあるでしょう。でも大丈夫。ゲームは参加すること、続けることが大事です。

諦めたらそこで終わり。これ誰のセリフでしたっけ？

ほかの人と比べだすとキリがない。そこはあくまでも自分の「常識」「普通」で。他人の常識、普通は、自分の常識、普通にあらず、です。

不安には二種類あります。持っているモノをなくす不安と持っていない不安です。持っている人は、持っている安心をできるだけ減らさないようにするにはどうするかを、持っていない人は、増やすには何をどうすればいいかに集中しましょう。

不安とは自分の影。実際より大きく見えるものです。

第5章

ポケットの穴のふさぎ方

——お金が消える場所を徹底チェック

小さなお金の偉大さや無料の怖さを再確認してみましょう。
いつの間にかなくなっている小さなお金。気がつけば結構な額になっているはず。
「無料」「安い」の言葉には誰だって弱いものです。
「なぜ無料なのか」「なぜ安いのか」を考えるクセを付けましょう。
「無料」「安い」の後ろにあるさまざまな理由。
それを知れば社会の仕組みもわかり、世界はまた違った風に見えてきます。

「気が付いたらお金がなくなっていた。でも、どこで使ったのか覚えていない。お金っていつの間にかなくなるのね」

こんな経験、誰にでもあるでしょう。無意識にお金を使う場所は多いものです。それくらいお金はどんどんなくなっていきます。小さなお金は時を重ねるにつれ、ボディブローのように身体（財布）に堪《こた》えてきて、ついには追い詰められることも多いのです。

たった１００円、２００円の散財であってもそれが毎日、何年と続くと、何万円かに積み重なっていくことをイメージしてください。今の千円はわずかなお金でも、積み重なったその千円が大金に思える日が来るかもしれません。

そんな「無意識使い」を、「意識的」に変えるだけで、お金が減っていくのを食い止めることができます。まず、どんなこと、どんなものにお金を無意識に使っているかを知ることから始めましょう。

千円の偉大さを知る

少し前に『三千円の使いかた』（原田ひ香　中公文庫）というベストセラーがありました。祖母を含めた年代別、収入別でのそれぞれの節約ぶりを描き、「節約小説」として話題になりました。「三千円の使いかたでその人がわかる」という切り口が軸で、それぞれが何を選ぶかを知るのも参考になりましたし、三千円で何が買えるかを考えることで、お金の使い方全般を考えさせられたものです。

ではここで、その3分の1の千円で買えるものを考えてみてください。

百均なら消費税込みでも9品、文庫本1冊ならお釣りがきます。食品でいえば、鶏むね肉ならおよそ1キロ、魚なら刺身パック、旬の野菜なら何種類も、果物だってバナナやリンゴからその季節ならではの梨、イチゴ、ブドウと結構買えることに驚くはずです。

もう一つ試していただきたいのは、千円で買った材料で何が作れるかです。

わたしは百均グッズでキッチンをリメイクし、三段ラックに扉を付け、１００円の

こんなに
買っちゃった！
ルン
ルン
スーパー○○
奥さん
これで千円
この買い物上手！
まいど
あり!!
千円
sale
sale
ズッシリ

布でエプロンやブラウス、帯まで作りました。料理では焼きサバと味噌汁、副菜に小松菜と豆腐の煮物……。肉料理なら、鶏むね肉に塩で味付けしてレンジで焼き、じゃがいもと人参でポテトサラダ……。それでも余るはずです。

　もちろん、食材だけで料理ができるわけではなく、ここに味噌、醤油、塩、味醂、ごま油などの調味料を足していくわけですが、最初の実験は、今ある調味料を使って作ってみてください。それで何日くらいいけるか。

　ただし、千円で長い日数を持たせることが目的ではありません。自分の適量がどのくらいで、それがどのくらい持つか、それを知るための「実験」です。

　そして千円の威力、偉大さを知ってください。

　この千円の偉大さを知ることで、ときには牡蠣、サーモン、エビ、鯛……いつもと違う食材でバラエティを持たせています。

　生活に十分なバラエティを加えてくれる額、それが千円なのです。それがわかってから、余計にムダな千円は使わなくなりました。カフェで使う千円で「より豊かな食材が買える」と思うからです。

無料サービスは高くつく

初月（初回）無料、無料体験、無料窓口相談……今や無料のオンパレードといっていいかもしれません。わたしも何度か試したことがありますが、これはかなりしっかりした人でないと「逃げ切る」のは難しいと感じました。

わたしの場合、ネットオークションで着物などを買ったとき、「あと何点買っても送料は同じ」という言葉にかなり動かされました。「それなら、欲しかったあれもついでに落札しちゃおう」と競争に参加、どんどん値が吊り上がっていっても、「送料は無料だから」とつい自分に甘くなっていました。結局、「送料無料」は高くつきました。

特に、対面の無料サービスが難しい。第2章で述べたきっぷのいい人、人前でいいカッコをしたがる人はつい、というケースが多いようです。わたしもかつては「ええカッコしい」のフシがありましたから、よくこの手のサービスに乗ってしまったものです。

無料サービスが多くの人の興味を引くのは「無料だから」の魅力以上に「選択の面倒さ」と「好奇心」が作用しているようです。プチプラ節約生活を実行するなかで楽になったことの一つは、「選択の煩わしさ」がかなり減ったことです。使う色や質を限定することで、選ぶ手間がかなり少なくなり迷う時間やエネルギーが抑えられました。

一般的には、「無料」という言葉をみると、まずは試してみようかとの心理が働きます。迷いがなくなり、ハードルが低くなるのです。

節約生活を始めて、毎月掛け金を払っていた保険を解約するために「無料相談の窓口」に何回か相談に行きました。そのときはすでに「絶対解約。ほかの保険にも入らない」と決めていたので、当時の保険を解約して、その解約金で「お得な投資」を勧められたときも、きっぱりと断ることができました。

人が働いている限り「無料奉仕」はあり得ません。どこからかお金が出ているのは当然です。では、そのお金はどこから出ているのか？　それを考えれば、無料の仕組みが見えてきます。

わが家のインフラ代節約法

■設定温度とアルミシート

このところ夏冬のインフラ代が上昇しています。特に電気代の値上がりは尋常ではなく、家計を大きく圧迫しています。

電気代の節約としてわたしが実行しているのは、「エアコンの温度設定を低めに」。電気代が一番かかるのは熱をともなう家電なのです。

冬は18度、夏は28度設定です。人の身体は冬は20度から22度程度が最適だとのことですが、これは人が動かない状態での最適温度ではないでしょうか。家のなかでも、掃除、洗濯、料理とよく動く私には、18度は十分な設定です。

わが家は築50年近い一軒家で、冬はとにかく寒い。特に、足元から寒さがじわっと襲ってきます。防衛策は百均のあったかいスリッパ。そしてリビングは、ホットカーペットの上に百均のアルミシートを敷き、その上に絨毯を敷いています。アルミシートは熱を逃さないので、これだけでほかほかの暖かさです。

■ガスの設定温度のこまめチェンジで月ン千円の節約

現在のガス給湯器は温度設定ができますね。これをこまめに変えることで、娘は月に4000円もガス代が少なくなりました。ちなみに娘の家族はいまのところ三人です。相方の好みの風呂温度は42度と高いのですが、冬は37度、夏場は35度。台所の洗い物や洗面などはこの温度ですが、夏場は水道の蛇口をいつも「冷たい」ほうにしておきます。それでもなま温い水が出てきます。そして、風呂を使うときだけ42度にチェンジするとのことです。仕事で昼間家を留守にする際には、もちろん給湯器をオフにします。

「ムダな出費」考

■コンビニ買い

「コンビニはポケットの穴」と言われるほど、小銭がどんどん落ちていく場です。100円のプリン、買い忘れた牛乳、ふと食べたくなったスイーツ、コーヒー、明日の朝のバナナ、菓子パン、身体にいいと言われるチキンサラダ、ヨーグルト、いい匂いに誘われてつい買ったおでん、肉まん……。

どれもスーパーなら半額〜3分の2程度の値段で買える食品で、買い置きできるものもあります。コンビニ買いを避けるには、食生活の習慣をしっかりつけることです。

朝はヨーグルトとバナナ、時々スイーツ（賞味期限は結構長い）はスーパーで、チキンサラダは鶏むね肉で3分の1以下の値段で作れます。

できれば頭のなかで原価を計算してみましょう。バカらしくなったらこっちのものです。

■街の気軽なカフェ

仕事と仕事のあいだの区切りに。用事が終わってほっと一息。カフェの雰囲気が好き。あのカフェのコーヒーやケーキは特別――そんなことからカフェを習慣にしている人は多いですね。カフェ文化という言葉もあるほどです。

おうちから離れて、しゃれた空間でリラックスしたいという人も多いでしょうし、家が総じて狭い日本では、街のカフェは必要な空間でした。でもカフェはやはり高い。素敵な空間使用料込みの値段だということを思い出してください。

仕事、勉強、読書、ネット……そこでしかできない、能率が上がるといった利点があるならいいのですが、同じ作業がおうちではできないでしょうか？ 少し家を整えて好きな音楽を低く流し、大好きなコーヒー豆でコーヒーを淹れる。高い豆だったとしてもカフェ1回分の費用で何回も楽しめます。

家をカフェ風に整えることは、片づけやインテリアの学びにも通じ、「一石三鳥」です。そんな風に家を整えている人は、今やインスタグラムのなかでも数多く見ることができます。彼、彼女たちはその様子をアップしてお金まで稼いでいます。また、天気がいい日には公園でリラックスしてもいいのでは。

まずはカフェの目的、そこにいる時間、落ち着き具合などをチェックし、自分なりの「原価」を考えてみてください。

■自販機、便利グッズ、百均、スマホ、サブスク……

こうしたものも要注意です。自販機で飲み物を買わず、白湯を持参する。百均ではいろんな便利グッズに目がいきますが、本当に便利なのか、ほかのものでもできるのではないかと再考。ついいろいろ買いがちですが、百円も積もればすぐに千円になります。わたしも百均で便利グッズを買っていましたが、使うのはそのときだけ、あとはゴミ箱行きというケースがほとんどでした。いつもの必需品以外は用心しましょう。スマホ代もバカになりません。安いプラン、安いスマホへの乗り換えも検討したいところ。

サブスクには苦い経験があります。ヤフオクを頻繁にやっていた頃に会費を毎月払っていましたが、ヤフオクをあまりやらなくなってからも解約の煩雑さゆえ、つい先延ばしにしていました。その間4、5年は経っていたでしょうか。500円×12＝6千円×5年として3万円あまり無駄にしたわけです。サブスクは入るは簡単、出るは面倒という仕組みになっています。よく考えて入りましょう。

ＳＮＳをやっている人はきれいな写真をアップしたいと、ついいろんな課金アプリを導入しがちです。スマホでお金を稼ぎたい人はそれが投資になりますが、それでも幾つもの課金は考えものです。必要な機能を吟味してみましょう。

■ランチ代

働いている人にとって、ランチ代は大きいですね。「節約はランチから」という言葉もあるほどです。

それでも、いつもお弁当持参はキツい人もいますね。そんな場合は、おにぎりだけ作る、パンにチーズやウインナーを挟んで持っていく。あるいは、夕飯の残りをさっと詰めてもいい。

ケークサレといって、残り野菜のキノコ、玉ねぎ、ブロッコリー、ウインナー、ベーコン、肉などを小麦粉に混ぜて塩やカレー粉などの香辛料を入れ型に入れて焼いたおかずパン風も簡単で経済的、かつ美味しいです。これを何切れか持っていく。小麦粉の代わりにホットケーキミックスを使うとより簡単に出来上がります。

冷凍のサバや鶏むね肉、野菜を詰めるだけでもいいし、残り物をパンにはさみ、アルミホイルで包むだけでも栄養豊かな一食になります。ランチはとにかくお腹を満たせばいいと割り切ると気が楽になります。

わが国はお弁当文化ですから、凝った弁当を作る人もいます。楽しみで作るのならいいのですが、そうでない場合はもっと柔軟に考えましょう。ランチはコンビニやファストフードを使わない、定食ランチはときどき気分転換に、と決めてもいいですね。

■メルカリ依存症にご用心

断捨離の影響もあり、いらなくなったモノがお金になるとあってメルカリが人気です。ところが「メルカリ、もうやめた」という声が聞こえてくるようになりました。メルカリとは、スマホで撮影してそのままアップするというフリーマーケットです。写真のアップが簡単なこと、売主が付けた価格でも、「値下げ交渉」ができるという便利さで瞬く間に広がりました。ところが……。

「メルカリに売ればいいと思うせいか、モノを買うハードルが低くなった」と、知人はやめた理由をこう言います。欲しいと思っても以前は本当に必要かと考えていたのに、「まあ、気に入らなかったら、売ればいいや」と思ってしまうというわけです。たとえば５０００円で買って２０００円で売れたとします。するとその品物は３０００円で「買えた」ことになり２０００円のお得……。

でも、これ特売品を買う際の心理と同じですね。安くなっている分得をしたと感じても、「買わない選択」をすれば５０００円浮くわけです。その上、特売なら単純に２０００円得したと思えますが、メルカリの場合、写真の撮り方を工夫する、出品する、値段を付ける、値下げ交渉に応じる、梱包などの手間もかかります。「この一連の作業がメンドウになった」と彼女。

売れるモノは「新品に近いもの」「ブランドもの」が多い。ということは結局、「買ったものの気に入らなかった」「あまり使わなかった」モノが多く、それは「特売」「安売り」でゲットしたモノによくあるケースと似ています。

「メルカリに売ればいい」と気軽に買ってしまうメルカリ依存症。かつて、わたしも

「ヤフオク依存症」にかかっていたので、その心理はよくわかります。「売ればいい」と新品を買い、メルカリで買ったモノをまたメルカリで売る。一見お得なようですが、「買っては売る」という永久運動に依存していないか、本当に欲しいものを大事に使うことを忘れていないか、よ〜く考えてみてはいかがでしょうか。

■「出かける前は忘れずに」で、これだけセツヤク

外出して帰ってきたら、財布のお札（万札、千円札）が少なくなっているのはよくあることです。交通費などの出費は別としても、そのほかに小腹が空いた、カフェで休憩、コンビニ立ち寄りなどなど……。

こんなことを避けるには、出かけるときは白湯を入れた水筒、ちょっとしたお菓子を持参します。「大阪のおばちゃん」はいつもバッグに飴を入れているそうです。疲れたとき、ストレスを感じたとき、少し甘さが欲しいとき、人にあげることでコミュニケーションを取る。10円にも満たない飴ひとつをいろんな用途に使うなんて、さすがです。関東の人に比べ関西の人は合理的で、余計なことにお金を使わない。それで

いてユーモアと人の好さがある。そんな関西の知恵をぜひ見習いたいものです。

■すべてのレシートチェック

レシートのチェックはもちろん重要です。食費関係のレシートチェックから始めたら、次はコンビニ、カフェ、ドラッグストアなど、自分が使ったお金のすべてをチェックしていきます。

わたしは使うお金が少ないのとアナログ人間なので未だレシート派ですが、最近はアプリも充実しています。レシートをもらえないお店（豆腐屋さんや激安野菜の店など）も増え、そのおかげで食生活の安く美味しくは充実してきましたが、その金額は忘れないようパソコンのカレンダーに記しています。

Column ❸

たった千円で涙をもらいました

「千円の価値」で思い出すことがあります。婚約が調《ととの》うと、いろんなイベントが次々にあります。相手方のご両親と初対面の会食、式場選び、両家の家族との対面……。これらのイベントに写真は欠かせません。着物ブログをやっていた頃から下手なりに写真を撮るようになりました。これらのイベントではカメラマンに成り代わってパチパチと撮りまくったものです。

子どもたちの結婚に関連したイベントでは何枚もの写真を撮りました。たまったそれらの写真を相手方に差し上げようと、街の写真屋に持っていったときのことです。

そこにフォトブックなるものが展示してありました。結婚式、運動会などのイベントの思い出として残すため一冊の本にしたものです。娘の式の際にもそうしたものを購入しないかと打診されましたが、あまりに高価でお断りした覚えがあります。しかし、その写真屋で値段を聞くと50枚前後で千円程度（当時の値段）だとのことです。これはいいと、早速、婚約が決まってからの一連の流れを追った写真をフォトブックとして注文しました。

出来上がったフォトブックを相手方に送ったところ、とても喜んでもらえました。

「写真を見ながら、そのときのことを思い出すのか、母は涙さえ浮かべていました。滅多に涙を見せない人なのですが、よほど嬉しかったようです。ありがとうございます」

こんなお礼が届いたときには、わたしも少し涙ぐんでしまいました。

高価な贈り物より、たった千円でも思い出を形にしたものは心に深く、そして長く残るのですね。

第 6 章

紫苑式「食費節約レッスン」

――もちろん安い、美味しい、健康的

物価高のなかでも「１万円食費」は変わりません。
そのために何を行ったか、段階を追ってまとめてみました。
実行するなかでわかったことは、やはり「自分の適量」。
そして、安いと美味しいと栄養は、同時に実現できると確信。
食を定番化することで、おうちご飯も無理なく定着したのです。

この章では、具体的な食費節約レッスンを紹介します。

物価高の昨今、雑誌では節約の記事がぐっと増えました。それを見て、「じゃあ、やってみよう」と張り切っても、何からやっていいのかわからない。どうにかやってみたはいいけど、いつしか面倒になっている。

その原因は、それらの方法が自分とは結び付かないからです。細かなお金をセーブ＝節約しても、

①結果はすぐには出ない。
②逆に日々の食事（暮らし）が「貧相」になった気がする。
③頭が働かず、ストレスからいつのまにか百均やドラッグストアで無駄なものを買っている。
④それらが自己嫌悪につながっていく。はい、これってダイエットに似ています。
⑤特にお金に困っていない人は結局「節約？　まあ、いいや」と思ってしまう。

こんな流れではないでしょうか。

はっきりいって、やらなくても「当面」の生活は変わりませんが、じわじわと将来

に響いてきます。

無理のない節約は、「1年で○百万円貯まった」とかネットによくあるような言葉にはほど遠く、しかし長い目で見ると、それ以上の効果が出てきます。たとえば、

お金のことは頭にないのに、いつのまにか貯金が増えている。

健康になった。

自分がよくわかった。

といった人生をより豊かにする効果です。

この「ゲーム」は、今の暮らしを楽しく、生き生きとしたものにしてくれます。また、続けるに従い自分なりのアイデアが浮かび、自分で生活をコントロールする喜びを教えてくれるので「自己肯定感」が高まります。若い頃には自信がなく、自分を肯定することなどとてもできなかったわたしでしたが、「5万円生活」でまさかのアップ！　というわけです。

こんなことを念頭において、さあ、始めましょうか。

物価高というピンチをチャンスにする

諸物価の上昇が続いています。スーパーで買うものはだいたい決まっていますが、いつもと同じ食品の値段を見て「変わらないな」と買っても、家に帰って仕分けしたり、いざ食べる段になって「あれっ、前より小さくなっている」と気づくことがあります。鮭の切り身もひと切れでOKでしたが、今では足りないほどになっています。納豆も3箱セットだったが、同じ値段で2箱という具合です。

年金額の5万円以内での生活を心掛けていて、前述のように食費は月に1万円程度。物価上昇の中でそれではキツいでしょう、できないでしょう、と言われるのですが、上昇分は月2000円程度で、全体の支出も変わらずです。かつて以上に「買わない暮らし」を徹底しているからです。

食品は、最近はより吟味するようになりました。値段が上がっているのは主に輸入品、具体的にはレトルト、冷凍食品、ハムなどの加工食品です。その類の食品は普段でも高くつくので買わない習慣がついているのは幸いでした。

「ピンチはチャンス」とよく耳にしますが、この言葉は的を射ているのではないでしょうか。ピンチに陥ったということは、これまで自分が常識だと思っていたことが、もはや通用しなくなったということです。これまでのやり方ではスムーズに進まなくなったとき慌てる、驚く、腹を立てるのもアリですが、そんな感情の波が過ぎたあとは冷静になって、これまでの自分の常識や当たり前を変えるしかない。

コロナ禍の中、69歳という年齢で最初は戸惑い、迷いながらも、どうにかこれまでの思い込みを捨てることができました。そうしない限り生活できないからです。捨ててすっきりするのはモノだけではありません。前に進むためのブレーキになる余計な感情。これを捨ててしまうと、意外にも楽で楽しい生活が待っていました。このようにピンチを乗り切った経験で、物価高もどうにか乗り切っています。

周りを見渡せばいいこともあります。世の中、全般的に節約志向が高まっていることです。自分事で恐縮ですが、私の節約本が読まれているのも、そんな背景があってこそ。ほかにも節約本が多く出回っています。

かつてのわたしは隣の人と比べて「わが家は」と、自らの立ち位置を常に確認して安心したり、落ち込んだりしたものです。それが今では、レベルの違いこそあれ周囲も四苦八苦の様子。隣の芝生はもう青く見えなくなっています。自分の足元を見て、日々を過ごすことができやすくなったのではないでしょうか。

収入の多寡は置いておいて、まずは自分の足元を見る現状把握から始めましょう。足元には「節約」という宝物が隠れていますよ。

今日のレシート、明日のアシスト

日々の買い物でもらうレシートは基本中の基本です。

まずいつも通りに買い物。帰ってから、何を買ったかをチェックします。その中で、安いから買った、甘いものを買った、あまり食べたくないけど身体によさそうだから買った、などなど、これは買わなくてもよかったと思うものを覚えておきます。

このときの反省点を覚えておき、次の買い物のレシートチェック。先のレシートを見ながらチェックしますが、そのとき「なぜ買ったのか」をチェック。いくつかの反省点は出てくると思います。

・安かったから。

・お腹が空いていたのでつい買った。

・スイーツに目がくらんだ。

・あってもいいなと籠に放り込んだ。

・テレビや雑誌で見た調味料があったから。

これらの反省点は、頭のなかに入れておき次の買い物をするわけですが、人はそれぞれに買い物のクセ、傾向があります。

・どうしても安売りの誘惑に勝てない。

・甘いモノをみるとつい手が伸びる。

このようなクセ・傾向を繰り返したとしても、罪悪感にはとらわれないでください。だって、それはあなたのお金なのですから。

こうしたレシートチェックと反省を何度か繰り返します。

■自分の買い物傾向、クセを知る

このレシートチェックは無駄を省くというより、自分の「傾向」を知るためです。

・安いモノだとつい買ってしまうクセがある。
・野菜より肉類が多い。
・加工食品が多い。
・出来合いが多い。
・スイーツが多い。

よく買う食材は、自分の食生活の現れです。しっかり把握します。そのなかで改善したいことがあれば、何をどう変えたいかを考えます。

「無駄を省く」と一口に言っても、自分の無駄と人の無駄は違います。

スイーツは身体によくないとは言っても、疲れたときの甘いモノは美味しくて、それが癒しにもなるなら、とりあえずはOK。それでもあまり身体によくないことは確かなので、少しずつ減らすようにします（その方法はこれまでの拙著で詳述したので参考にしてください）。

加工食品も時短になる、外食よりいいと思えば、それは必要な部類に入ります。あくまでも「自分にとってどうなのか」の視点を大切にして。自分のクセ、傾向、食生活を把握することが目的です。いきなりすべてをやろうとすると嫌になって途中でやめることになりがちですが、そうなったとしても罪悪感は持たず、それまでやったことを振り返ってみましょう。

■すぐに作れる料理の食材を買う

「家に帰ってすぐに作れること」をポイントにレシピをイメージ。それが食材の無駄をなくします。逆にいえば、「すぐに作らなかった料理の食材は何？」「それ、明日、明後日の食事で使う？」と自問自答してみます。

次にネットやテレビ、雑誌で見た美味しそうなあの料理の食材をチェンジ。高価な食材、高カロリーな食材を、安くて栄養のある食材に変えます。たとえば牛肉→豚肉、ひき肉、鶏もも肉→鶏むね肉・レバー、輸入サーモン→サバ・イワシといった具合に。

サバやイワシは青魚特有の不飽和脂肪酸であるEPAやDHAを多く含んでいます。脂の摂りすぎから起きる脂質異常症や高血圧、動脈硬化の予防に効果的な上、身体にいいカルシウムやたんぱく質も多く含まれています。わたしは、魚介類を多く使うパエリアをサバやサケ、ツナ缶といった安い食材で作ります。

スイーツのケーキ類は和菓子に、きな粉など甘くても身体にいい食材に少しずつでもチェンジしていきます。きな粉では、なかなか摂りにくい亜鉛が摂取できます。亜鉛は免疫力アップに効果的な栄養素です。具体的なメニュー&レシピは第7章の「明日につながる展開メニュー&レシピ」で紹介していきます。

■物価上昇食品を国産食材にチェンジ

加工食品は高いだけでなく添加物も多く入っているので、できるだけこれを国産の身体にいい食材に変えていきます。

カレーはレトルトを買わずとも、すぐに作れる料理。ドリアはクリーム煮にした野菜にご飯を混ぜ、チーズをかけるだけ。余ったらアルミの容器に入れて冷凍しておくと便利で、一度に2、3食は軽く作れます。

防災用にレトルトを備蓄はしていますが、無添加で美味しいものを買っています。いざというとき、お腹を満たすだけでは余計に気が滅入るからです。ローリング備蓄で、ある程度時間が経ったら日常の食事に回しますが、その日が楽しみなくらいです。旬の野菜や魚を買うのは今や常識ですね。安い上に栄養も多く、美味しいのですから。

シニアは肉と魚を交互に摂ることが理想だと言われています。でも、料理が苦手、魚は好きだけど処理は苦手な人は多い。そんな人には、スーパーで処理済の魚や缶詰を使うことをおすすめします。魚の缶詰は生より1・5倍も栄養価が高いとのこと。アスリートの中には、毎日ツナやサバ缶を一缶食することでたんぱく質を摂っている人もいます。

ツナ缶はサラダやパンに乗せても美味しい、サバ缶はサバ飯やサバパエリアなど、生の魚と同じように、あるいはそれ以上に応用が利きます。

缶詰レシピ本も多く出ています。私はサバが苦手でしたが、あるメーカーのサバ飯をいただいて食したところ、これがすごく美味しい。それからまずは缶詰でサバ飯を作り成功。それ以来、サバ豆腐、トマト煮、ナスやピーマン、などの野菜と煮て和風に、オリーブオイルと一緒にアヒージョ風にといろいろ楽しんでいます。缶詰だけではなく、野菜や豆腐などと組み合わせると栄養満点の料理が安くできます。

■食べ慣れない食材は、レシピを覚えてから買う

いろんな食材をまんべんなく食べる。理想ではありますが、なかなか難しいものです。長く生きているがゆえにシニアは、味や食に対してのこだわりや趣向が強い。昔は平気で食せたのに口に合わなくなった、好きだったのに今はちょっと……という料理や食材も出てきます。若い頃には食への好奇心、探求心も強く、各国の珍しい料理や食べつけない料理も食べることができましたが、シニアになると決まりきったものが食卓に並びがちになります。

それは悪いことではないと思います。食卓にいつもと変わらない料理が並ぶのは安心につながります。旅から帰ってくると、いつもの食卓の平凡な料理がとても美味し

く感じることがありますよね。毎日の食事にバラエティはあまり必要ないのです。

年齢の問題もあります。節約生活を何歳で始めるかによって、食生活は大きく変わってきます。若い頃はやはり油や砂糖、バター、クリーム、香辛料などを使った料理に目がいきます。わたしが節約生活を始めたのは69歳ですが、それでもこれらの食材はよく使っていました。クリーム煮、鶏むね肉の唐揚げ、オイルサーディンなどのコッテリ系が多く、73歳の今でも油や豆板醤などはよく使います。

毎日の料理にバラエティを持たせる必要はありませんが、同じ素材でも和洋中華、イタリアン、フレンチと料理法やソースを変えるだけで、いかほどでもバラエティを持たせることができます。年齢に応じて料理法に変化を持たせていけばいいのです。

実は、わたしは納豆の匂い、感触が苦手です。安くて栄養のあるこの食材を使えば、もっと食費を抑えることができる。そんなこともあり、食べようと努力したこともあったのですが、結局無理でした。

どんなに優れた食材でも、使えないものがある。いつまでも残る食材、それは苦手な食材です。それを知るのも節約生活では大切です。

「自分を豊かにする節約」をしたいなら、ポイントは繰り返しますが、あくまで自分軸中心ということ。自分にはどんなクセ、傾向、習慣があり、自分は今、あるいはこの先、どんな生活を送りたいのか、そのためには何をどうしたらいいのか――そんなことを試行錯誤、模索するための節約です。

そして、これらは衣食住すべてにかかわることだと、頭に入れておいて欲しいと思います。

Column ❹

使っている調理器具はこれだけ

●二合炊きの釜（アマゾンで１５００円くらいで購入）
●フライパン（ニトリで購入）
●直径20センチのステンレス鍋（茹でもの、煮物に一番使う。スーパーで購入）
●15センチのステンレス鍋（無印良品で購入）
●土鍋（冬の鍋料理用にダイソーで３００円で購入）
●一人用卵焼き用フライパン（スーパーで購入）

このように、わたしが今使っている調理器具に「立派なモノ」は一つもありません。節約特集で取材を受けた際、いくら節約家でも調理器具ぐらいは……と思うのか、「調理器具を見せてください」と言われることがありますが、でもわが家には「絵になる」器具はなく、相手を困らせることもしばしばです。

この小さな家に移り最初に手放したのは「立派で重い」調理器具でした。それらを手放したあとは、スーパーやニトリで買った１０００円前後のものばかり。だって、わたしの料理は豪華もキラキラもなくシンプル。たいていの料理は、今ある器具で十分間に合うのですから。

第 7 章

明日につながる展開メニュー&レシピ

── 定番素材でも飽きない、栄養も万全の工夫

この章では料理の具体例を紹介します。

・定番食材をムダにしない
・定番食材でも飽きないように工夫する
・毎日のメニューに悩まない
・食事作りを楽にする

これらを実行するために、一つの食材をいろんな料理に展開します。同じ食材でも和風、フレンチ、中華、イタリアンと目先を変えることで、食卓は格段に豊かになります。

定番食材――お金、栄養、時間、バラエティも確保

わたしが「食費1万円」でやっていけるのは、使う「定番の食材」を決めたことが大きいです。

野菜は旬のもの、魚はできればサバ、イワシ、サンマなどの青魚、肉は鶏むね、レバーと決めているので、スーパーで迷うことはありません。

これに加えて完全栄養食材である卵、牛乳、豆腐。美味しい豆腐屋さんを見つけてからは豆腐がほぼ毎日食卓に乗っています。たんぱく質が豊富な上に、あっさりでもこってりでもいける。腹持ちがいい。おまけに安い。

定番食材を決めると「なんとなく買い」をしなくなり、買い物もさっと終わります。定番食材で作ると、同じ料理ばかりになりそうとの心配はご無用です。定番食材レシピは無限大にあるので飽きがくることがありません。しかも冷蔵庫にある食材と組み合わせて何ができるかと考え、その日に作りたい料理を明確にしてからスーパーに行くので、余計なものは買わずに済みます。

ほとんどが「おうちご飯」なので、時々趣向を変えて楽しんでいます。家で作る料理こそ美味しく食べたい。それには冷蔵庫のなかの食材との組み合わせで「そうだ、あれを作ろう」「調味料を変えればこれもできるな」と考える。こんなことをしていると、まさに「アハ！体験」＝ひらめき体験で脳が活発になり、元気になります。

いつもと違う食材も

食生活に外食を意識的に取り入れている方、友人との外食が多いという方なら日々の食事はあまり変えなくていいと思いますが、おうちご飯が好きという場合、いつも同じ食事ではやはり飽きがきたり、食欲がなくなることもあります。

そんなときには目先の変わった料理を食べるようにしています。私の場合、魚介類でしょうか。エビやホタテ、牡蠣、サーモン……こういった食材は高価でいつもは手が出ません。たまに食べると、「宝石」のように感じます。

高価といってもスーパーで５００円から１０００円くらいですから、ボンゴレ、エビチリ、牡蠣のオイル煮と、たまにメニューに取り入れることで食卓はより豊かになります。牡蠣のオイル煮は、牡蠣をオリーブオイルで軽く炒めてオイスターソースを絡めるだけ。海苔や大葉などと一緒にご飯に乗せれば絶品の美味しさです。ほかにも牡蠣鍋、あさりの味噌汁……。

これらの料理をいつものイワシやサバなどで代用することもあります。魚介類を使って作るパエリアやエビチリソースの素材をイワシや白身魚に変えることで気軽に作れる上、新鮮な感じも味わえます。

特にサバのパエリアは絶品で、洗ってないお米にオリーブオイルで炒めた玉ねぎ、ピーマン、カレー粉を加えて炊く。それだけで、いつものサバがスペイン風に変身です。パエリアはスペインの漁師料理で、魚介類だけでなく、鶏肉や余った野菜などを入れた炊き込みご飯ですから、ツナやイワシなどで気軽に作っています。

そんな風にまずはいつもの食材を決めておき、ときおり違う食材を使う。そのメリットをまとめると次のようになります。

①食卓に節約感がなくなる
②栄養面でも安心
③毎日の献立に悩まないで済む
④ムダな買い物がなくなる
⑤簡単にできる

サバ

買ったらすぐに塩麹漬けにしておき、一時間以上置く↓塩焼き
余ったらサバに小麦粉（片栗粉）をまぶし揚げ、醤油、酢、味醂、酒調味料に漬けておく。ピーマン、ナスなどの野菜があれば、一緒に漬ける↓冷蔵庫で3日もちます。

イワシ

塩麹漬け↓塩焼き　オイルサーデン　ショウガ煮　梅煮　イワシかば焼き風　イワシ団子

イワシと旬の野菜のアグロドルチェ
アグロドルチェとは酸っぱいという意味のイタリア語です。シチリア地方の料理です。バルサミコを使うと料理はいきなりしゃれた味になります。それに醤油を加えることで日本風にアレンジしました。

レバー

甘辛煮、ワイン煮、レバーペースト　焼き鳥風　レバニラ、レバカツ

イワシ、サバ、鶏むね肉、ひき肉、卵、豆腐などの食材を使ったメニューは、ほぼ無限大にあります。ここで紹介したのは、そのなかの代表的なメニュー、あるいはこれまで意外にも？　美味しかったメニューです。

一汁一菜を基本としていますが、副菜を添えることもあります。

サバを買った週の展開メニュー例と献立スケジュール

※旬の野菜を副菜に。常備するのは卵、豆腐、胸肉。味噌汁も常備。

月	サバ塩焼き＋野菜の煮物 このときサバを揚げて甘酢に漬けておく。
火	厚揚げと野菜
水	鶏むね肉と野菜
木	月曜日のサバの甘辛漬け＆卵、豆腐、キノコのスープ煮
金	鍋など、冷蔵庫の余りものデイ。 カレー、ポトフ、炒め物　チャーハン (金曜日は買い物デイ)。
土	鶏肉、ひき肉など前日の買い物食材で。
日	目先を変えた季節ものレシピ。 例　牡蛎鍋　牡蠣のオイル煮　アサリのボンゴレ 　　魚介類のパエリア風

たんぱく質は必ず摂る

三大栄養素の一つであるたんぱく質の1日の推奨量は、18〜64歳の男性で65g、65歳以上の男性で60g、成人女性では50g（体重1kg当たり1gが目安）。シニアに限らず、たんぱく質は身体を作る大切な栄養素ですが、ご飯やパン、お菓子といった炭水化物でお腹を満たすことが増えたのが現代の食生活です。この先、元気に生活するためにも意識的にたんぱく質を摂る必要があります。

しかし、必要量のたんぱく質をしっかり摂りたいと思っても、一食ごとにそれを計算するのはとても面倒。そんなときのお助け食材が、必要な栄養素がほぼ入った完全栄養食と言われる食材です。卵、豆腐、牛乳がそれにあたります。

卵は1個約60gに対し、アミノ酸スコアの高いたんぱく質を6g含んでいるほか、脂質、ビタミン、ミネラルをバランスよく含んでいます。ちなみにアミノ酸スコアとは、含まれるたんぱく質が人の体内でどれぐらい有効利用されるかを表した指標で、これが100に近いほど良質なたんぱく質食品となりますが、卵は100です。ほか

アミノ酸スコアが高い食材

食品	100gの目安値段 （地域、季節差あり。空欄は その差が大きいもの）	アミノ酸スコア
イワシ	30~40円	100
サバ	60円	100
鶏むね肉	80~100円	100
鶏レバー	100円	100
アジ	100円	100
豚肉	150円	100
サケ	150円	100
牛肉（もも）	200円	100
牡蠣		100
ホタテ		100
車海老		100
鶏卵		100
牛乳		100
精白米		93
玄米		100

文部科学省「日本食品標準成分表2015年版（七訂）アミノ酸成分表」をもとに作成

にたんぱく質を摂りやすくて安いものには、鶏むね肉、イワシ、サケ、納豆、牛乳がありますから、これらを意識して摂ればまずは安心ということになります。

たんぱく質とカルシウムの簡単摂取法

たんぱく質とともにカルシウムも不足しがちな大事な栄養素ですが、ツナ缶、サバ缶などに多く含まれ、サバ缶は生サバより43倍ものカルシウムを含んでいます。ですから、たんぱく質やカルシウムが足りないと感じたらツナ缶にコーン、サバ缶に豆腐を投入するだけでできるサバ豆腐を。さっとできて栄養豊富です。

ただし、必要な栄養素の分量を一度に摂るより、なるべく三食に分けて摂るのがいいとされます。そこでわたしの場合は、たとえばこんなメニューに。

朝食……卵と牛乳、チーズ、ヨーグルトなどどれか二種類（たんぱく質）

昼食……卵焼き、親子丼ぶり、卵入りチャーハンなどでたんぱく質。焼き魚、ボンゴレスパゲティ、イワシやサバのハンバーガーでカルシウム

■ 鶏肉展開+サラダ（値段は一人前）

①手羽元大根…80円

②鶏ハムの棒棒鶏…60円

③鶏手羽元の
オリーブオイル焼き…60円

④ポテトとブロッコリーのサラダ
…35円

⑤鶏むねと大葉と
トマトのサラダ…30円

■ 卵展開+ランチメニュー（値段は一人前）

⑥親子丼…70円

卵一個は割りほぐしておき、塩、味醂を加えておく。鍋に出汁、醤油、味醂を入れ煮詰めた中に玉ねぎの薄切りを入れ、少し煮る。柔らかくなったら、胸肉を入れ、卵を入れる。

⑦ツナと卵の二色ご飯…70円

ツナ缶を炒め塩、胡椒、醤油少々で味付け。卵一個は割りほぐし、味醂、出汁、醤油で味付けしてフライパンで炒り卵を作る。ご飯に海苔、貝割れ、ゴマなどを振りかけ、ツナと炒り卵を載せる。

⑧とろろご飯……30円

山芋をすりおろし、ワサビ、醤油少々入れる。ご飯に胡麻、海苔、貝割れを入れ、その上からとろろ。

夕食……鶏むね肉のチーズ焼き、コンフィ、油淋鶏、厚揚げ焼き（たんぱく質多めに）、
すべてに具たくさんの味噌汁

ほとんどといっていいほど、作る料理に豆腐や厚揚げを加えています。これを足すだけでたんぱく質が摂れる上、腹持ちがよくなり、味の加減もできます。

たとえばオイスター炒めや豆板醤を使った料理で味が濃いなと感じたときには、豆腐（厚揚げ）を最後に入れる。つまり味をあまり染みこませないことで、箸休めの役目を果たせます。同じ皿のなかに味が調節できる素材を入れることで、わざわざ箸休めを一品作る必要がない。豆腐類のほかに玉ねぎ、じゃがいも、こんにゃくを加えることもあります。

節約ゆえの低栄養は断固避ける

節約を実行しているわたしとしては、このところの節約ブームを大いに奨励したいところですが、実はこの節約で「低栄養」の人が増えていると聞き驚く一方で、そう

かもしれないと思い当たるフシがありました。

というのは、節約生活を始めた頃、いわゆる「節約本」を何冊かめくってみました。ところが、どの本も食費を減らすための工夫は数々紹介していますが、その食生活が健康にどんな影響を与えるのかを記した本は、残念ながらありませんでした。

変動費である食費は一番削りやすい部分です。そのため、毎日の食事をおろそかにしてまで節約してお金を貯める。そのためお金は貯まっても、ある年齢になると身体を壊したり不調に悩む人が多いのです。ところが年だから不調は当然として、食生活を見直すことはしない。これでは本末転倒です。

健康であることはこの先一番の課題です。なぜなら、病気になると医療費はかさむ、毎日の生活の質は下がる。いいことはありません。

身体にいい食事というとお金がかかると思っている人は多く、また、食費1万円というとロクなものを食べていないと思われているのか、始めた頃は「栄養は足りるの？」「モヤシばかり食べているんじゃないの？」などと言われたものです。モヤシは足が早く、すぐに傷むのであまり使いません。

イワシも雑魚《ざこ》と呼ばれ、商品価値の低い魚＝取るに足りないものというイメージが広く行き渡っているせいか、「イワシをよく食べます」というと、今でも苦笑されることがあります。イワシやサバなどの青魚にはＥＰＡやＤＨＡといった良質の油やカルシウムなど栄養的にも欠かせない成分が多く、その意味で間違いなく優秀な魚です。

それでいて、わが家の近くのスーパーでは8尾２００円という安さ。といいながらわたしも、節約生活以前には買わない魚ではありました。やはり「安い！」「安すぎる！」といったイメージから手に取りにくかったのでしょうね。今では処理済して並べてあることも多く、そんなときには即買いです。

もちろん、日頃の食事はこれだけでＯＫというわけではありません。前述のように、たんぱく質を意識して摂るといった小さな気づきが明日の健康を保つコツです。ちょい足したんぱく質としてゆで卵、枝豆、ツナ缶、チーズなど手軽に摂れる食材をそばに置いておくだけでも違ってきます。

少しだけでも健康に気を付けるようになると体調もよくなり、レトルトやインスタ

■ サバ展開メニュー（値段は一人前）

⑨サバの塩焼き…70円

⑩サバの南蛮漬け…70円

サバ（生でも缶詰でも可）に小麦粉をまぶし、油で軽く揚げる。醤油（大1）味醂（大1）酒（大1）で作った漬け汁に入れ、しばらく置く。多めに作り残りはサバパエリアに使用。

⑪フライパンでサバパエリア…80円

洗ってない米半合とピーマンやセロリ、玉ねぎなどの野菜、オリーブオイルで炒めて、別の皿に。同じフライパンにオリーブオイル大さじ1、カレー粉（あるいはクミン）を小さじ1を加え、炒める。南蛮漬けなど火を通してあるサバと野菜を入れ、少し火を通し出来上がり。冷凍のとろろを使うと簡単、滋養豊かな一品がすぐに出来上がり。

ント食品は割高、栄養的な価値はあまりないなという風に、安さと健康の関係の意識が芽生えるというグッドサークルにハマっていきます。

先日も知人のひとり暮らしの70代の男性がいきなりふらついて倒れ、猛暑のなかの熱中症かと思いきや、実は「栄養失調」「低栄養」との診断で驚いたと言っていました。食事はちゃんと摂っているどころか肥満気味で、「低栄養」「栄養失調」などという言葉は自分には関係ないと思っていたと彼。妻に先立たれ、外食と飲み屋通いという日頃の食生活が祟《たた》ったようです。

バブルがあった１９８０年代以降、食べ過ぎやグルメ食の弊害はよく耳にします。そして今、多くの人が節約を余儀なくされているなか、低栄養、栄養失調という、思ってもみない事態が起きています。ちゃんと食べているつもりが低栄養、という信じられない事態がこれから増えるような気がします。

まずは偏見、思い込みを捨て、安くても栄養豊富な食材を使うことから、始めてみてはいかがでしょうか。

かさ増しにはこの食材を

たんぱく質など必要な栄養素を規定量摂ったとしても、量が足りずにすぐお腹が空くことがあります。その結果、簡単に食せる炭水化物を摂りがちに。そんなときには、副菜に嵩《かさ》を増す食材を使いましょうか。

嵩ましに使う節約食材といえばモヤシが代表的ですが、これは痛みが早い上に「嵩まし感」が見え見え。味も水っぽくなりがちです。

わたしがよく使っているそれに代わる食材は、厚揚げ、豆腐、こんにゃく、卵です。

こんにゃくは栄養面は期待できませんが、低カロリーで食物繊維が豊富。昔から「お腹の掃除役」と言われてきました。整腸作用、便秘解消だけではなく、肥満や生活習慣病の予防、改善などが期待できます。「江戸の娘の好きなもの、芝居、こんにゃく、いも、かぼちゃ」と言われるほど、昔から食されていたようです。

近くに豆腐屋さんがあるので、豆腐を炒めものに混ぜて使います。たとえばピーマンと鶏肉の炒めものでも、豆腐を入れることで嵩ましだけではなく、あっさりした味

■ 豆腐展開メニュー（値段は一人前）

⑫厚揚げとひじきの煮物
…50円

⑬薄揚げと小松菜のさっと煮
…40円

になります。箸休めの副菜を別に作らなくても、同じ皿でまた違うあっさり感が味わえるのでお気に入りです。加えて豆腐はたんぱく質が豊富。これだけで「ダブルたんぱく」が無理なく摂取できます。

卵は栄養面でもカンペキな嵩まし食材です。ただ卵は吸収がいいのでクドくなりがち。そこで、たとえば昨夜の残りものの量が少ない、というときに卵を入れることで、量も味も栄養も三拍子そろった副菜の出来上がりです。量が足りないと感じたとき、肉などで増やすより、これらの食材を入れるほうが安く、栄養的にも満足、かつ美味しくできます。お試しください。

百均イタリアン、フレンチ――ネーミングの魔法

料理は安くて栄養があればいいというものではありませんね。節約生活ではともすれば実用本位の味気ない食事になりがちです。

食事には栄養のほかに大切なことがあります。雰囲気、器、盛り方、楽しく、ゆっくり、そして誰と一緒に食べるか。ひとり暮らしのわたしはひとりご飯ですが、できるだけ雰囲気を工夫しています。折敷《おしき》を使う、テレビを見ない、などでしょうか。

ときどき工夫するのは料理のネーミングです。素材は同じでも、それをフレンチやイタリアン風の名前にすれば、なぜか美味しそうに思えるから不思議です。

イワシの油煮もフレンチ流に「オイルサーディン」。塩麴で漬けた豆腐とトマトを合わせたイタリア流「カプレーゼ」もすっかりおなじみ。ほかにもあります。

★40円シュークルート

鍋の残りを使ったフランス・アルザス名物は大人気？ 鍋の翌日、鍋に残った白菜

や肉にワインと酢を投入するだけで、フレンチに大変身です。シュークルートはアルザス語で「酸っぱいキャベツ」を意味する言葉で、ドイツ語ではザワークラウト。つまり「酸っぱい」がポイントです。そこで酢を少しとフレンチらしさを出すため白ワインを入れるだけです。味だけではなく気分も変わって美味しくいただけます。

★ファルシ

肉や野菜、チーズなどに具材を詰めたフランス料理の一種です。トマトを切り抜きなかにひき肉をいれたトマトファルシはよく知られています。日本ではピーマンの肉詰め、ロールキャベツ、ロール白菜などはよく食卓に上る一品です。変わったところではズッキーニの中をくり抜き、ひき肉を詰めてオーブンで焼くのも美味しいですよ。

★コンフィ

油に鶏肉やサバ、白身魚などの食材を浸してじっくり煮る料理で、冷蔵技術が発達していない時代に、油脂が食材を覆い、空気や水分を遮断することで保存性を高めた料理です。今では外はパリッと中はしっとりしているので出来立てを食することが増えました。それでも保存がきくという意味では節約にいいレシピです。

★デュクセル

キノコが安く手に入ったら、それをみじん切りにして、玉ねぎ、にんにくと一緒にオリーブオイルで炒め、塩こしょうすれば「デュクセル」というしゃれたネーミングになります。パンやご飯、ズッキーニやピーマンの肉詰めに載せたり、鶏むねや魚の間にはさんだり、先に紹介したファルシの中身に使うのもいいですね。

★アグロドルチェ

アグロドルチェとは甘酸っぱいイタリア料理のことです。バルサミコを買ったものの賞味期限が近くなり、使い切ろうと酢の代わりに使ったところ美味しくできたので、それ以来、こってりとあっさりが混じった一品が食べたいときに作っています。日本では甘酢漬けに近く、少しだけ砂糖あるいは蜂蜜、味醂を入れています。バルサミコを使うことでしゃれた味になります。酢が入っているので保存もききます。

素材はどんなものでもOK。鶏肉やイワシ、サバと玉ねぎ、ピーマンと一緒に炒めたり、サツマイモにも合います。安い生サバはそのままではちょっと、と感じることがあります。そんなときには、小麦粉をまぶし、さっと油で揚げてありあわせの野菜と炒めあわせ、バルサミコに醤油、味醂（砂糖）、水（ワイン、日本酒）のソースをかけると、サバがランクアップします。

玉ねぎをオイルで炒め、このソースで炒め煮にすると保存がきく上、パンや付け合わせに使えるので重宝しています。玉ねぎは血液さらさら成分である硫化ピロプルという成分を含んでいます。

★ペースト

たまに鶏レバーを食べますが、少量でも栄養価は高く、腹持ちもいい。一度に全部をワイン煮や甘辛煮、焼き鳥風にしていますが、一度に食べきれません。残りはフォークで潰し、ゴマやマスタードなどを混ぜてペースト状にしておきます。それを自家製のパンに添えると立派な朝食、ランチになります。

キノコも大量に買ったときはオリーブオイルで炒め、小さくしてマスタードやマヨネーズなどと和えて肉や魚のソースに。パンに載せることもあります。本来はブレンダーで液状にするのですが、わが家にはないのでフォークで代用というわけです。

要は、いつもの定番食材でもフレンチ風、イタリアン風、和風とバラエティを持たせれば飽きずに食せる。加えて保存がきくレシピが多いので目先を変えたいとき、ちょっと洒落た雰囲気が欲しいというときにいかがでしょうか。

反面、レシピが多いと迷いも増えます。自分にとって美味しいはどんな味なのかを知っていれば、日々の食事作りが楽になります。わたし自身の夕食はシンプルな和食、朝にはヨーグルト、チーズ、ツナのサラダにパン。ランチはときどきスパゲッティ、チャーハンを。夕食にはチーズを使うことも多いです。チーズ使いは濃厚さ、美味しさが一挙に増す上、たんぱく質の摂取量も増えるので便利です。

家での食事はシンプルに、こってりした「ご馳走」は外でという方は多いのですが、わたしは外食をあまりしないので、ときどき先に挙げたこってりレシピで食卓に活！を入れています。

展開メニューを使った曜日別メニュー例

月曜日	火曜日	水曜日	木曜日
魚	鶏むね	豆腐	魚
●塩焼き ●オイルサーデン ●梅煮 ●アグレドルチェ ●胡麻焼き ●チーズ焼き ●フライ ●蒲焼風 ●トマトソース煮 ●ビネガー煮 ●イワシ団子のスープ	●油淋鶏 ●蒸鶏 ●ソテー ●棒棒鶏 ●野菜煮込み ●チーズ焼き ●鶏チリ ●照り焼き ●トマト煮 ●大根煮	●肉豆腐 ●麻婆豆腐 ●野菜煮込み ●豆腐ステーキ ●豆腐バーグ ●チャンプルー	●サバ焼き ●南蛮漬け ●サバ飯 ●サバパイ ●オイル煮 ●コンフィ

金曜日	土曜日	日曜日	予備食材
残り物	卵・ひき肉	目先を変えた季節ものレシピ	レバー
●鍋 ●炊き込みご飯 ●野菜炒め ●カレー ●ポトフ ●お好み焼き ●タジン鍋 ●グラタン ●ドリア ●スパゲッティ	●オムレツ ●ハンバーグ ●つくね ●そぼろかけ ●ちぢみ ●卵チリ ●トマト煮	●牡蛎鍋 ●ボンゴレ ●魚介類のパエリア風 ●なんでも鍋	●ワイン煮 ●甘辛煮 ●レバニラ ●焼き鳥 ●塩レバー ●レバカツ

第 8 章

70代の「きれい」は健康と切り離せない

——「きれい基準」のチェンジで元気とパワーを取り戻す

シニアにとっての「きれい」を考えてみました。

70～90代の女性たちが堂々と明るい色の洋服を身に着けて街を闊歩する様子を撮った写真集がベストセラーになりました。

もはや年をとることはマイナス要素ではない。

しかし、大事なのはやはり健康。そして少しの工夫と自信です。

自信は自分の印象をも変えます。

「空《から》自信」も、そのうち本物になりますから大丈夫！

節約生活は体調を整え、適正体重をもたらす

節約生活のおかげで健康になりましたが、それは適正体重までもたらしてくれました。

もともと痩せぎすで体力はない、すぐ疲れる、といった体質でした。若い頃はそれでもどうにか頑張れたのですが、60代になると何かと疲れるようになり、それも仕方がないと感じていました。

「シニアは少し太っているくらいのほうがいい」が定説です。「体重とは体力」という医師もいるくらいです。それに年を重ねて痩せているのは、ギスギスした印象を与えるので、「もう少しふっくらしたい」は長年の希望、課題でした。肌だってシワになりやすい気がします。

過敏性大腸炎は治り、それこそ順調（腸）なのは嬉しいのですが、どんなに食べても体重は増えません。やはり体質かと思っていたところ、2年目くらいから徐々に体重が増え始め、というか腰のあたりがふっくらしてきました。お尻周りは貧相で、ジ

ーンズをはいてもピシッと決まることはありませんでしたが、運動を続けたせいもあるのかピシッと決まるようになりました。

先日、区の体育館で「体重、基礎代謝、ＢＭＩ」などを測ってもらうと、体内年齢はなんと58歳ということでした。毎日の食事と運動が、健康とわたしにとっての理想をもたらしてくれたわけです。

この章では、お金をかけない美容法を紹介します。美は健康と切り離せないものです。若いときには多少の無理をして夜更かし、外食続き、お腹を満たすだけの食生活でも肌はつやつやということもありますが、年を重ねるにつれ、今日の生活は明日てきめんに表れます。節約生活がもたらした健康な食生活と運動は、適正な体重、そして美容にも欠かせない要素です。

「面倒くさい」はこうして回避

女優の草笛光子さんは御年90歳（２０２４年現在）。奇跡のシニアと言われているほど衰えをあまり感じさせません。それでもご本人は「日々、面倒くさいと戦っている」とエッセイに書いていました。

年を重ねることは、日々身体を動かすのが億劫《おっくう》になり、何をするにも気合いが必要になるようです。ある人は、小銭を落としても拾うのが面倒くさいとのこと。腰をかがめる動作が若い頃のようにササッとはいかないとのことです。

日々の運動や歯のメンテなどが、面倒だと感じていました。「面倒だ、今日はいいだろう」と歯医者に行くのを先延ばしにしていた40代の猛暑の夏、歯茎が腫れ、ついには入れ歯かインプラントかの二択に。結局、入れ歯は嫌なのでインプラントを選択し、当時１００万円以上かかってしまいました。

腰痛持ちでもあるので、寒さのため腰がぎっくりくると、その都度近くの接骨院に行っての対症療法、湿布を貼るなどで凌いできました。当時は今のようにスポーツ医学が発達しておらず、ほかに治療法がなかったように思います。今ではアスリートのための予防、治療法が一般の人にも応用されるようになり、それによると腰痛は対症療法では治らず、自分で日常的に筋肉を鍛える、姿勢を正すなどでしか解決しないとのことです（次章のコラムに腰痛の体験記を書きましたので、腰痛で苦しんでいる方は参考にしてください）。

以来、時間があると腹横筋などを鍛える運動やストレッチをしています。それもときどき面倒だなと感じる日があります。そんなときは、何年か後に腰痛からくる脚や腰の痛さ、歩行困難になったときの自分を思い浮かべます。すると、「面倒」とか「きょうはいいや」といった気持ちはなくなります。これに限りませんが、何年後かの自分や危機をイメージすることで「面倒くさい」の多くを回避しています。

「きれい」の基準は早めに変えるが勝ち

「若さこそ絶対」という価値観を持っていました。シワのない、ピカピカの肌に黒くつやつやのヘア……。

だから40代の初め、髪に白いモノを見つけたときにはショックでした。すぐにヘアサロンに駆け込み、黒く染めてもらったのを今でもはっきり覚えています。「応急措置にはマスカラを使って、その部分だけ黒くするといいですよ」とアドバイスをもらい、出かけるときには必ず実行したものです。

それから幾星霜経ち70代を迎える頃には、顔にはシミとシワ。顔の筋肉も弱くなってくるのか頬の辺りも下がって間延びした輪郭になってきました。おまけに目元のキリリ感も失われ、まぶたは下がって目は三角に萎《しぼ》んで小さくなってきました。

もともと目元キリリでキツい印象だった目は下がり気味。でも目尻のシワと合わせて優しい印象になったかなと自分では思っています。マリオネットラインと言われる顔周りの輪郭もシャープさをなくしましたが、その分できるだけ口角を上げる、つまりできるだけ笑顔でいることで補っています。

今はエステに美容整形にと見た目の「若さ」を保つ方法は数多くあります。それらで少しは老いを緩やかにすることができたとしても、避けることはできません。だいいち、あまりに高価です。

それならいっそ「きれいの基準」を自分なりに変えればいい。

美の基準は時代によってさまざまに変わってきました。国や地域によっても違います。それを思えば、美の基準を「若さ」「つやつや肌」などなどと固定する必要はない。そう勝手に決めてしまいました。実際、SNSではこれまでの美の基準からは外れていると思われる人たちが「かわいい！」と褒められています。

美の基準もこれからは大きく変わっていくと思います。高齢者が増えていき、年を重ねる自分に誇りを持つ、そんな人が増えていくに違いありません。センスと自信あふれるシニアが増えていくことで、「年を取るのは悪くない」「きれいよりいい顔」といった年を取ることが楽しくなるような、そんな美の基準ができつつあります。

「きれい」はシニアに元気とパワーをもたらす

年を重ねると若い頃より人の目を気にしなくなります。「見られる」ことが少なく、いや、なくなるからでしょうが、そうなるとますます気を使わなくなり、気づいたら身ぎれいからほど遠い自分になっていた――こんな経験はありませんか？

タレントや女優は人気が出るに従い、どんどんきれいになっていくと言います。それは自分に「人の気」「人の目」が集まるからで、「見られる」ことでどんどん磨かれていくというわけです。

「タレントや女優でもあるまいし」と思ったあなた、それでもシニアに「きれい」は必要です。それは「モテる」とか「人の注目を浴びる」ということではなく、暮らしに「活」を入れてくれるからです。

「活を入れる」とは、元気づけるという意味ですが、年齢に関係なく、おしゃれは自分を元気づける一番簡単で効果のある方法です。

シニアともなれば、外からの刺激は若い頃に比べるとうんと少なくなってきます。そこに黒やグレー、茶色といった地味カラーを纏《まと》っていたのでは、ますますテンションは下降気味。おしゃれやきれいが「活」を、生きる元気を、与えてくれます。

といっても、シニアのきれいには高価な化粧品も、高価なブランド品も必要ありません。少しきれいな色を身に着ける、髪を気にする、身体を整える、脂肪を筋肉に変える（これは少し努力が必要ですが）、そんなささやかなことでＯＫ。シニアが元気だと街は元気になると、誰かが言っていましたけど、それも当たり前で、今や周りを見渡せば仲間はいっぱい。彼、彼女たちの「きれい」が街の景色を変えるのは当然ですね。

シニアこそ、きれいをまとって街に出ましょう。

ヘアカラーを思い切って変える

シルバーヘアは憧れですが、きれいなシルバーにするには時間もお金もかかります。白いものはどんどん増えていきますが、きれいに白くするのは難しいものです。だから当分はいろんな色で遊んでみます。

わたしの場合はセルフカラーリング。ドラッグストアで一番安いビゲンを使っています。ビゲンは安いだけではなく、カラーリングの液体と定着用が二つのチューブに分かれているので、小分けして使うことができます。1箱で3回分程度のカラーリングができ、600〜700円程度。1回200円くらいです。

黄金色のヘアマニュキュアを使ったこともあります。後ろから見るとまさに40代？

なれます。おしゃれは生もの、自分にとっての旬や新鮮さが一番です。

シニアは歯が命

歯では苦労しました。子どもの頃は今ほど歯の予防教育が行き渡っておらず、歯科医も予約制ではなかったので治療してもらうのも一苦労でした。長じて朝晩の歯磨きも忙しさを理由に丁寧にすることはなく、40代でブリッジ、50代でインプラントという事態になってしまいました。

ブリッジは30万円、インプラントに至っては保険がきかず当時で3本100万円という値段。その後の手入れも怠ったのでインプラントも腫れきて、こちらはいい歯科医に出会ってどうにか保っていますが、お金と時間の問題だけでなく、ゆくゆくは健康にも害が出てくる可能性があります。

60代の知人はある歯科医で「この歯は抜くしかない」と言われ、「抜くのは嫌だ」と「抜かない歯医者」とネット検索したところヒット。そこに行って抜かずに済み、

「おかげで保険治療で安く上がった」と喜んでいました。

どんな病気もそうですが、納得いかない場合は、すぐに調べてほかを当たることも必要です。幸い今はネット検索やSNSで情報を得ることができます。

また歯周病の菌は血液に入り、心臓の弁の内膜に取りつき感染を起こし心内膜炎を、あるいは心臓の血管に取りついて血栓を作ると動脈硬化を起こし、狭心症や心筋梗塞の発症リスクが高くなるとのことです。

夜の歯磨きは当然として、朝の歯磨きも夜の間に増えた菌がそのまま体内に入ってしまうこともあるので、丁寧な歯磨きが重要になってきます。

筋力をつけ、姿勢を変える

シニアが「きれい」を保つために何より必要なのは、高級化粧品でもエステでもありません。筋肉です。

シニアになれば筋力の衰えは、あらゆる場面で感じることになります。そのせいで姿勢が悪くなる、足腰が弱る、腰痛が起こる。瓶の蓋が開かなくなったのは握力が弱くなった証しです。

マリオネットライン（顔の輪郭）が崩れ、頬から首のあたりが垂れ下がってくるのも筋力の衰えが原因です。年を重ねるとは筋力の衰えの別名といってもいいかもしれません。

それを防ぐには筋力を保つことが大きな課題になってきます。朝晩のウォーキングやストレッチ、筋トレ……。ただ厄介なことに、シニアの運動は「やりすぎる」とほかの部分を傷めてしまうことが往々にしてあります。使い易い場所の筋肉ばかりを自然に使ってしまうので、その部分に負担がかかってしまうのです。わたし自身、股関節のストレッチをやりすぎて、脚の筋に痛みが出たことがあります。無理は禁物ですが、気持ちのいい範囲でできるだけ身体を動かすようにしましょう。

美しい姿勢は、筋力があってこそです。そして美しい姿勢は、その人自身を精気にあふれた人に見せ、輝きを与えます。

シニアになったら筋力を鍛えましょう（第9章参照）。

第 9 章

やはりある「70歳の壁」

──70歳は身体の分水嶺

70代は60代までとは違います。
71歳の終わり頃から、身体の故障がぐっと増えました。
忘れもしない、ある寒い日の指先のレイノー現象、脚の筋肉の痺れ……。
70歳前後は用心のお年頃。
独りよがりの知識や情報より、プロに相談するのが正解です。
プロもいろいろですから、正しい知識と的確な情報が必要ですね。

厚生労働省によると、一生涯にかかる医療費はおよそ２８００万円。そのうち１６１５万円、つまりは半分以上が65歳以上にかかってくるとのことです。その金額は認知症になると１・４倍になるとも。６４６万円がプラスされ２２６１万円に達します。

こうなると、日頃の小さな節約も吹っ飛ぶことになります。

老いるとは自分の身体が主張し始めること

若いときには身体は軽く、身体をあまり持て余すことはありません。しかし病気になると、その身体は大きな声で自己主張を始めます。「ここが痛い」「あそこがうまく動かない」……。そして、それらの声に支配されていきます。

身体のいろんな箇所が少しずつ「私にも少しは注意を向けて」と主張し始める。膝、腰、脚……それらが全部一緒になって合唱し始めると、うるさくて耳をふさぎたくもなります。

「老いる」とは、それまで軽く扱っていた身体の存在感が徐々に、あるいはいきなり大きくなることです。そう、子どもに似ているかもしれません。幼い頃には何でも言うことを聞いていたのに、長じるにつれあれやこれやと自己主張を始め、ついには反抗しはじめる……。

そうなる前に大事に、自分の身体に優しく接してあげましょう。そうすることで、身体もあなたに対し優しくなりますよ。

閉経前後から積極的に豆乳を投入

女性の身体は、閉経前後に大きく変わります。ほてり、発汗といった症状に悩まされる人は多いようです。閉経すると女性ホルモンが大きく減ることは、よく知られています。声が男性並みに低くなる人も出てきます。

卵巣から放出される女性ホルモン＝エストロゲンは、生殖に関わっているだけではなく、いろんな臓器に働きかける役割を持っています。エストロゲンの低下と欠乏に伴いホットフラッシュや発汗症状が出てくると、倦怠感、うつ、不眠などの症状で気持ちがふさぎやすくなりますね。

また女性ホルモンは血管をしなやかに保ち、動脈硬化の予防や内臓脂肪の分解をしやすくするなどの働きもあります。おかげで男性に比べ女性は生活習慣病の発症が抑えられていますが、閉経以降にエストロゲンの働きかけが減少してくると、泌尿生殖器の萎縮、骨量減少などが始まり、「脂質異常症」「動脈硬化」「糖尿病」「高血圧」など生活習慣病へのリスクも高まっていきます。

シニア女性の骨粗しょう症へのリスクはご存じでしょう。エストロゲンの急減によって骨代謝のバランスが崩れ、閉経後、骨量は１年に２％ずつ減り、10年後には20％も減少するといわれています。

背中が曲がる、若い時より２㎝以上身長が縮むなどの症状が出てきたら要注意です。骨量は20代でもっとも溜まりやすく、このときの骨量が40～50代以降に影響してくるとのこと。ただ何事も遅いということはありません。年齢に関係なく、骨量を増やすカルシウム、ビタミンBなどを意識して摂るようにしましょう。

69歳のときに骨密度の検査を受けました。そのときには40歳レベル、同年代の人より10％程度高く、「優秀です」と医師に褒められたものです。

その3年後、72歳で受けた同検査では、同年代の平均よりは高かったものの、前よりも下がっていました。それ以来、積極的に小魚を摂るようにしています。スーパーで１６０円くらいのイワシ小魚をフライパンで煎り、あればそこに刻みナッツを入れ、醤油あるいはバルサミコをジュッと入れたものを常備菜としていますが、美味しくてすぐになくなるのが難点といえば難点です。

キノコは干すことでビタミンDが増えます。ビタミンDはカルシウムの吸収をよくするので、お天気のいい日にキノコがあると、よく干すようになりました。

たんぱく質豊富でカルシウムも摂れる豆乳も積極的に飲んでいますが、これには偶然が作用しています。娘の家の近くにあるお豆腐屋さんがいつも気になっていたのですが、ある日、思い切って入って豆腐を買うと、これが美味しい。柱に「豆乳あります」との張り紙があり、それまで豆乳は苦手だったのですが、飲んでみたところクリーミーでスーパー品に感じる水っぽさがまったくありません。

ただ残念なことに、我が家の近くの豆腐屋さんには置いてない。最初は、店の近くを通ったときだけ豆腐と一緒に買っていたのですが、もっと手軽に買えないかとネットで調べたら「すごい大豆」（大塚食品）なるものがありました。スーパーにも置いてあり、１２５㎖で１００円（税込み）と少し高いのですが、飲み切りで私にはちょうどいいので、時々買うようにしています。

朝起きたときの指先の痺《しび》れも閉経後、黄体ホルモンが減少することから起きるとのことです。

豆乳（大豆）にはイソフラボンなる女性ホルモン＝エストロゲンによく似た成分が含まれているため女性ホルモンを補い、トラブルを防いでくれるとのこと。豆乳を飲むようになり、朝の手先の痺れもあまり感じなくなりました。バンザイ！

脊柱管狭窄症の対処と予防

わたしは長い間、腰痛に苦しめられてきました。

長時間のパソコン作業と運動不足のせいでしょうか、冬になるとぎっくりときて、這《は》ってトイレに行くほどでした。治療にはずいぶんお金も使いました。そんなこともあって72歳の時、骨密度を測ったついでに、腰のレントゲン撮影をしてもらうことにしました。

やはり出ました。脊椎の下部の骨と骨の幅が狭くなっていました。「脊柱管狭窄」というそうです。なんだか怖いですね。これは腰だけではなく、脚にもいたずらをするそうで、脚が痛くなったり、痺れ、坐骨神経症などを引き起こすとのこと。

「まだ症状は出ていませんが、これから用心しないといろいろ出てきます」と医師。

「用心って……？」

医師は症状の説明はしてくれますが、具体的な対処法は教えてくれませんでした。そこで、図書館などで調べると……。小難しい理論は置いといて、要は骨の周りについている筋肉を緩めたり、鍛えたりし、次に身体の正しい姿勢や使い方を覚え、習慣化させるとのこと。私は背中を反らし気味のいわゆる「反り腰」なので、そこを用心して……。

放置しておくといつかは脚に痛み、痺れがきて歩くのが困難になり、寝たきりになる可能性も出てきます。そうなってからリハビリするのは嫌なので、まだ症状が出ていないうちからトレーニングをすることにしました。

とにかく体幹を鍛えるために息を吐き、お腹（丹田）をひっこめるドローイングやら、四つん這いになり片足を上げる体幹を鍛える運動やらを実行。これらをやっているうちに足腰の痛みがなくなりました（参考書『脊柱管狭窄症どんどんよくなる！劇的１ポーズ大全』（金岡恒治　文響社）。

およそ１カ月で改善されました。

症状が出る↓書籍やＳＮＳで調べるか、すぐに病院に行く↓対処法を知る↓実行してみる↓改善したらＯＫ、気になったら再度専門家に診てもらう。

改善のプロセスはこうなりますが、ポイントは何より早めの対処です。放置して年を重ねれば、医療費もどんどん上がります。それ以上に年を重ねてからの病気は辛く、キビシイ。まだ余力があるうちに対処しておくのは、断捨離や終活と同じです。

70歳を過ぎると、あちこちにガタが出てきます。

それを知っておくと予防もできるというものです。

「つまずいて転ぶのが70代、何もないところで転ぶのが80代」――評論家の樋口恵子氏の言葉です。

ご近所の70代とおぼしきシニアの方と立ち話をしていて、その人がよろけたので、さっと腕を取ったとき、その筋肉の頼りなさに驚いたことがあります。ふわふわとしていて押し返す力がないのです。ショックだったわたしは、次の日から筋トレを始めました。

70代は子育てなどからも解放され、やりたいことができるゴールデンエイジでもあります。しかし、それを実現するにはとにかく健康でいることです。

お金のことをいえば、健康のお値段は、年を重ねるほど増えていきます。ちなみに、骨密度検査と背骨のレントゲン検査の値段は2000円でした。

「健康が一番の節約です」――わが節約法のキャッチフレーズですが、**健康は一番の節約であると同時に「健康あってこその楽しみ」**。これは普遍的な言葉ですね。

Column ❺

腰痛治療体験記

脊柱管狭窄症と診断され、腰から脚にかけての痛みが取れない。そこでトレーニング開始という経験をお話ししました。その後、3年後、5年後のことを考え、金岡恒治先生主宰の日本で唯一という腰痛クリニック「SPIN CONDISHONING STATION」に行きました。自己流では不安があるのでこの際、トレーニングの姿勢をプロの方にきちんとチェックしていただきたかったのです。

その体験は驚くことばかりでした。それまでの整骨院では、痛い箇所、つまりは腰回りをもみほぐしてくれます。ところがここでは、まず痛い箇所をピンポイントで見つけるために、まずはいろんな角度からのチェックです。身体を左右に曲げ「こうするとどこが痛いですか?」「ここです」。骨盤周辺を押さえ「これはどうですか?」「はい、痛みはなくなります」といった具合に。

その結果、私の痛みの原因は脊椎管狭窄症ではなく「股関節辺りの骨のズレ」であることがわかったのです。

わたしには何事も力一杯というか、少し痛い、辛いくらいやらないとやった気がしないという傾向があります。「イタ気持ちいい程度に」がストレッチの基本ですが、「気持ちいい」を通り越して「痛い」までやらないと気が済まないのです。そのため身体に無理がかかり、骨盤の一部にズレが起きたわけです。「腰痛の原因はいろいろあり、一人一人違う」とのこと。だからピンポイントでその人の症状の原因を突き止め、治療法を教えてくれるので、治まるのが早い！

　わたしの場合は腹横筋を鍛えると、これは書籍に書いてあった通りなのですが、その方法はこれまた驚き。仰向けに寝て両足を立て、骨盤底筋を鍛えるための呼吸法を実行。「呼吸は力一杯」とそれまで教わってきたのですが、「とにかく優しく」とわずかに力を入れるだけ。「わずか」のほうが力の入れ方が繊細で難しいんです。

　その結果、骨のズレからくる痛みは、前の痛みが10とすると3日ぐらいで3程度になり、１週間で痛みは激減しました。１回１時間あまりで保険は使えませんが、３３００円（２０２３年当時）で初期検査。その後続けるか続けないかは自分次第です。先を考えれば安いのではないでしょうか。

　この先、足腰の重要度はもっと高くなっていきますが、これでひとまず安心、というところです。

第10章

年金5万円、だけど贅沢

――旅行もバスも銭湯もお得に満喫！

60代、70代は人生のゴールデンタイムです。
だから何もしないなんてモッタイナイ。
ひとり旅もよし、家のほかに拠点を作って楽しむもよし。
年金5万円のわたしだって、節約の知恵を生かしながら大いに楽しんでいます。
楽しいか、楽しくないかは自分次第。
自分なりに考え、夢見る時間は、まさに黄金の時です。

シニアひとり旅――若い頃とは違う「気づき」がいっぱい

年に2回ほど少し遠出をし、2週間に一度はシルバーパスを使い、区内の銭湯巡りをしています。遠出は京都、富山、飛騨高山などです。知人が京都の「プチ移住」をしていて、その様子を知りたくて訪ねたところ、いろんな方を紹介してくれました。

京都には何度か行っているのですが、何を見ていたのやら。ただ観光地というだけで行っていたように思います。寺社仏閣を見てもそれは頭のなかの知識、習った歴史と重ねるだけ。むしろ頭のなかの歴史の色のほうが濃くて目の前の現実はうっすらと霞を帯びているようです。比べるのは恐れ多いのですが、まさに三島由紀夫の『金閣寺』に納得です。

『金閣寺』では、父親がそれを愛するあまり、息子である主人公も強い憧れを持つようになり、まだ見ぬ金閣寺を神格化しています。しかし現実にその建物を目の前にしたとき「それは古い黒ずんだちっぽけな三階建てにすぎなかった」。さらに「美というものは、こんなにも美しくないものか」とも。

そんな主人公の気持ちはわかるような気がします。古い歴史が幾層にも重なった街は目の前のリアルより古《いにしえ》を偲ぶ場所と感じ、特別歴史に思い入れのない私には、ある意味退屈な場所でした。

ところが70歳を過ぎて「プチ移住」している方の導きで見る京都は、その土地に暮らす人だけが知っている情報や場所が多く、見知らぬ土地で初めて知り合う人達の会話も新鮮でした。

どこか邪魔と感じていた歴史、由緒などのうんちくも素直に心に響いてきました。ここはあの坂本龍馬が奇襲を受けた場所、ここは桓武天皇が作った平安京、清盛ら平家の邸宅があった六波羅蜜寺……。土地と人と歴史が幾層にも重なり、遥か歴史をさかのぼって、一瞬とはいえ自分が、その当時、そこに存在していたような気が。今いるところからほんの少し離れた場所で、今現在、坂本が逃げ、新撰組が闊歩しているような……。

京都は歩くのにちょうどいい街です。名所からほんの少し歩くだけで、すぐに次の名所に行ける。人参に釣られる馬のように歩いていると、朝から夕方まで歩き続け。

疲れたらしゃれたカフェならぬ公園はたくさんあるという具合です。

修学旅行や家族や友人と、あるいは仕事で行った京都とは、まさしく別の空間という気さえしたものです。

富山から高山巡りの旅は、行きも帰りも一人旅のはずでしたが、着物ブログで知り合いになった方からの連絡で、いきなり会うことになり、これまたなかなか行けない場所に連れていってもらいました。

富山では岩瀬の造り酒屋「満《ま》寿《す》泉《いずみ》（桝田酒造）」が印象に残りました。広い土間を檜の長い一枚板が占領して、そこで立ったままいろんな種類の日本酒が味わえます。テーブルには富山名物のホタルイカ、白エビ、牡蠣のオイル漬けなどのおつまみも。ガラスのスキットルやオブジェ、代々の杜氏の写真で飾られた空間は、もはやアートというほかありません。

シニアの一人旅が目につきました。同世代の方々に目がいくせいでしょうか、60代、70代の女性がリュックを背負って、スマホで検索している姿は新鮮に見え、80代とおぼしき女性は、駅の案内所を訪ねては親切に教えてもらっていました。

「自由席は何号車と何号車、この時間は自由席でも座れますよ」と、電車に乗ったら乗ったで懇切丁寧な社内放送と案内板。日本はなんて親切な国でしょうか。身の安全に関しては、若い頃にはそれなりの心配もありましたが、シニアになるとそんな心配は減るせいもあるでしょう。

70歳を過ぎての一人旅は、イメージと知識と現実が混然一体となって、三位一体の楽しさを感じさせてくれる旅なのです。

旅先のおしゃれでテンションアップ！

一人旅は基本、誰にも会わず、行く先々に気にする人もいません。それでもおしゃれするとしないとでは、気の持ちようが大きく変わってきます。

私はおうちが好きで、一日中家にいても退屈しないタイプです。それでも、少しおしゃれする時と寝間着もどきの格好で過ごす日では、一日の色合いが違ってきます。

メイクこそしませんが眉を描き、髪はきちんと梳《と》かす。リラックスできて少しおしゃれな洋服に身を包む。それだけでシャンとした気分になり、ここ片づけようか、ここもきれいにしようかという気持ちになってきます。だいいち、鏡に映る自分の姿を目にするたびに落ち込むことがなくなるだけでも嬉しいではありませんか。

旅先でも同じです。旅先のホテルは格安ではありますが、それでもチェックインの時、エレベーターでどんな人に会うかはわかりません。エレベーターで何度も同じ人と遭遇し、それが恋に発展する可能性もないとは……ないか。それはともかく、朝食をとりにラウンジに行く際、どことなくだらしない人のそばは無意識に避けているものです。

また、一人旅での夕食はそれでなくても迷いの多い時間です。一人でもちゃんと美味しいご飯を食べたいとおしゃれな店を見つけても、身に着けている洋服が店にふさわしくないと、入りそびれてしまいます。

60代、70代は経験値が豊富ですから場慣れしていて、気後れすることもない一人旅適齢期です。それにお気に入りの洋服が加われば、どんな場所にいても自分のままでいられる。それが場慣れというものです。

ブランド品や高級品を身に着けるといったことではなく、旅先でもおうちでも自分らしくいられれば、すべては気持ちよくスムーズに進んでいくものです。

宅配便活用で身軽に

旅先で着る着物は一段とテンションが上がります。特に京都や金沢などの古都は着物の似合う街。ジーンズも気軽でいいのですが、旅先で人と会うときは着物を着るようにしています。着て出かけることもあれば、向こうに着いて次の日に着ることもあります。向こうで着る際には宅配便が大活躍です。

家から着ていくときにはバッグに洋服と靴を入れて持参し、着物関係は着た翌日、宅配用の段ボールを旅先のコンビニでもらってホテルから自宅に送り返します。バッグに入っていた洋服を着ると中はほとんど空になり、身軽にいろんな場所を歩けます。

着物を持参するときは洋服にそれほど気を使いません。着物があれば、それがプチプラであろうとどんな場所でも通用します。洋服は移動のための身軽な一揃いがあれば十分です。

「旅はその用意も含めて旅」と言われます。行く先々の場所をイメージして、そこで過ごすプロセスを頭に思い浮かべるのは、それだけで楽しいものです。髪を整えるためのムースは必要か？　ピンは何本くらい？　気温は何度ぐらいだから下着は少し厚め（あるいは薄め）。リュックのほかにバッグは必要？　肩掛けバッグでは少し味気ないから、畳むと小さくなるあの可愛いのを入れておこう……。

旅をシュミレーションすることで二回分の旅の楽しさ。いえ、帰ってからまた思いだすことで、三回分の楽しさですね。

日常生活から少し離れるだけで、そのビフォー・アフターは大きく変わって見えるものです。変わり映えのない毎日が旅の前後では違って、新鮮に見えてきます。日常を普段とは違う視点から見せてくれる「魔法の杖」。それが旅というもの、というと大げさでしょうか。

「一筆書き」で乗車券を安く買う

「ところで、旅にかかるお金の話は？」という声が聞こえてきたので、そこにふれておきましょう。もちろん、ちゃんと節約してますよ！

ある旅から帰ってきた後日のこと。旅費の計算をしていてふと思ったんです。「電車賃は往復で買うと安くなる、それならぐるりと一回りする乗車券はどうなんだろう？」と。検索してみるとありました。「一筆書き乗車券」というそうです。同じルートの往復ではなく、出発地からいろんな土地の駅を周り、また出発地に戻ってくる。それを一筆書きにたとえたネーミングです。

たとえば東京発で金沢に行く場合、帰りは名古屋に寄ることで、往復乗車券より、また別々に買うよりも安くなるんですね。ＪＲの乗車券は乗車距離が長いほど割安料金が設定されているためです。

チケットはみどりの窓口で。その時、同時に新幹線、特急券のチケットを買うという条件があります。買う際のコツは次のようになります。

・事前に一筆書きで途中下車したい駅を紙に書いておき、駅員に伝える。
・出発地と終点が同じ一枚の切符になるように伝える。

注意点もあります。一度通った駅を再び通ることはNG。重複するルートを通った場合はその場で打ち切りになります。たとえば、金沢から高山に行き、また金沢に戻ることはできないわけです。

また、チケットには有効期限があるので注意しましょう。移動距離によって有効期限が違ってきますが、一筆書き乗車券は移動距離が長いので有効期間も片道で買うより長くなります。とはいえ期限切れには注意しましょう。

この乗車券は少しでも安くいろんな場所を周りたい人のための、遊び心いっぱいの乗車券です。タイパ＝時間効率より、ゆっくり時間をかけて旅を楽しみたいシニアには特におすすめです。

タダ乗りバスと１００円銭湯の旅

シニアになると、公的な特典をいろいろ得ることができます。自治体によって違いますが、東京都ではバスの割引、銭湯チケットが頂けます。

都が発行している都内バス会社共通のシルバーパスは70歳から。住民税の額によって支払う金額が違ってきますが、近くの常設窓口に介護保険料や住民税支払いの証明書を持参して手続きします。各自治体ではさまざまな特典がありますので、ぜひ活用してほしいものです。

わたし自身はシルバーパスと銭湯チケットを活用しています。銭湯チケットは、平常料金５００円程度かかるのが１００円になります。娘の家の近くに銭湯があり、そこに行ったのが皮切りでした。

銭湯は何十年ぶりだったでしょうか。上京当時は四畳半、風呂なし、台所は共同というアパートを借りていたので、そのとき以来でしょうか。風呂付きが当たり前になって町の銭湯はどんどん減り、跡地にはマンションが建っていきます。そんな移り変わりを横目で見ながらも入ることはありませんでした。何十年ぶりかで入った銭湯は、銭湯マニアらしき若い人を見かけることもありますが、基本、ほとんどがシニア。広い湯船はゆったりと気持ちよく、温泉に見立てたお湯も身体や心に効くようでリラックスできます。

シルバーパスでバスに乗り、１００円の区内銭湯巡り。これには、旅とはまた違う新鮮さがあります。同じ区内でも見知らぬ街は多く、シャッター通りになっている商店街もあれば、まだ活気を残す商店街もあります。その違いはなんだろうと考えたり、小さなお店でスーパーより安くて美味しい野菜や豆腐を買ったり。

子どもの頃、あちこちの店を覗きながら買い物をする母のあとを追っていた思い出が蘇ります。節約の観点からいえば、小さな店で1個、2個と少量買いしたほうが、食費はうんと安くなります。新鮮で無駄のない食生活。かつてはこんな食生活が当たり前だったんだと感慨しきりです。

そして帰り道、自分の町でバスを降りると、電車の駅から帰るのとは反対の少し暗くなった見慣れない道を通ることになります。これもまた、知らない町に降り立ったようなドキドキした気分になります。

萩原朔太郎に『猫町』という小品（小説）があります。「旅への誘いが、次第に私の空想（ロマン）から消えて行った」という書き出しで始まるこの作品、いつものように散歩していた主人公は、見知らぬ町に迷い込みます。そこにいるのは猫、ねこ、ネコ……。歩いている、通り過ぎる、店で売っている、買っている、老若男女、みな猫なのです。その町は何かの瞬間に壊れて現実の風景が広がっていき、猫はいつもと変わらぬ人間の姿になっている。

「……いつも下車する停車場とは、全くちがった方角から、町の中心へ迷い込んだ。そこで私はすべての印象を反対に磁石のあべこべの地位で眺め、上下四方前後左右の逆転した、第四次元の別の宇宙を見たのであった」

遠くに行くだけが旅ではないんだな。この作品はこんなことを教えてくれます。違う道を通るだけで、いつもの町がまったく違う場所に見える。それは脳の錯覚というより、思いがけないプレゼントなのかもしれません。

シニア二拠点時代——住まいの形も変わっていくかも

先日、娘と孫との三人で伊豆に行きました。孫が来年小学校に入学、そうなるとなかなかわたしとは一緒に遊べない、旅行にも行けなくなるということで娘が企画してくれました。

娘と孫との水入らず?の旅はとても楽しかったのですが、今はその話ではなく、二拠点住宅の話です。というのは、私の周りではシニアになって住まいを二つ持っている人が増えているのです。

といっても彼らは、すごいお金持ちというわけではありません。たとえば京都にプチ移住している方は、横浜在住の70代男性。彼は有名な太秦映画村の近くに１ＤＫの部屋を借りて月に一度か二度は京都に行き、寺社仏閣巡りやお祭りを楽しんでいます。その１ＤＫの家賃はといえば、なんと2万円台だそうです。

京都は一年中いろんな行事があり、行事のある季節のホテル料金は目玉が飛び出るほど高い。その点、彼のような「ときどき移住者」は、どんなときでも気軽に行くことができます。京都好きが高じてこんなプチ移住をする人は増えていて、彼らはすっかり京都の町に溶け込み、催事や寺社仏閣のボランティアなどをしているとのことです。

もう一人の60代の知人は都心から離れた場所に古い民家を安価で購入、それをＤＩＹで自分好みにして暮らしています。東京ではマンション住まいですが、住んでいた部屋を売って狭い部屋に借り換え、週末の気分転換に別宅へ出かける。こんな風に仕事場に近い都会に暮らしながらも、週末は自然のなかで暮らしたいと小さな家を買い、自分好みに改造しながら暮らす人が私の周りではどんどん増えています。

別宅をある程度完成させたら次の人に譲る人もいるようです。子どもが小さいうちは一緒にＤＩＹを楽しみ、出来栄えによっては買ったときと同等かそれ以上の価格で売れることもあるようで、それもまた励みになっているようです。

京都プチ移住の人も、東京近郊に住んでいる人も「相場は高い。でも念入りに探したり、ある条件を外してみれば安い物件は結構あるよ」と言っていました。常識を外した目で見ることで、面白い物件に当たるようです。

日本全国いろんな場所のウイークリーマンションを借りてそこである程度暮らし、また違う場所に行く……そんな年金生活者もいます。

一人暮らしのその人は、冬は少しでも暖かい地方に、夏は涼しい場所にと、夏冬だけでもとてもいい気分転換、別荘気分で楽しめると言っています。

確かにシニアになると、暑さ寒さは一段と身に染みてきます。この方法だとそれを少しでも軽減できるし、プチ引越し気分で身体を動かすことも多くなるので、いい運動になっているとのことです。

こうした二拠点生活の利点はまだあります。それは、結果としてあまりモノを持たない暮らしになっていくことです。プチとはいえ移住は移住。とはいえウイークリーマンションで暮らすためには持ちすぎず、持たなすぎずと適量をいつも図ることになります。

普段から、この「適量」を常に考えることは、それこそモノに依存しない志向、生活になっていくわけです。そのせいか、その方の東京の住まいに余計なモノはなく、すっきり。借りたウイークリーマンションはもっとすっきりしていることでしょう。

「違う土地での暮らしを楽しみながら、いつのまにか終活ができていた」とその人は言います。ただし、いつ何が起きるかわからないのでいざという時の用意も万全にし、知り合いや家族と連絡は怠らず、小さな終活ノートも持ち歩いているようです。

家族のいる人たちの間でも都心に小さな家を借り、週末、あるいは一人になりたいときに自然環境のいい場所に時折行くという人もいます。家族との軋轢《あつれき》も減り、ストレス解消にもなるのでしょうね。

少子化の影響で全国で空き家が増え、大きな問題になっています。それだけに「空き家バンク」なる支援組織も盛況です。

家は一生もの。住宅ローンを払うために働くのが当たり前――これがわたしの世代、「週末は別荘で」はお金持ちだけの特権でした。少子化、人口減少は悲しいことですが、旅行とはひと味違う趣、地元の人たちとの交流など、これから増えるばかりの空き家をこんな風に使う人が増えるのは楽しいことではないでしょうか。

Column ❻

わが家は未だ昭和の生活

節約生活を始めて、取材などでわが家を訪れる人が増えました。そこで、なぜか、こちらが出す数字にびっくりされることがあります。たとえば洋服の値段。「可愛いですね。昔買った洋服ですか」「いえいえ、これはリサイクルショップで１００円です」「えっ、１０００円ではなくて？」といった具合。

わたしの口から出てくるのは、１００円、50円といった数字ばかり。食費も１食当たりの原価は１００円台で、「外で食べれば７００円から１０００円はしますよね」とはよくある答え。「外」と比べるとわが家の金銭感覚は10分の１とは言いませんが、まあ、何分の１かであることは確かです。

そんなこともあり、節約生活を始めてからは、上京した頃のことをよく思い出します。あの頃の生活経験があったから、節約生活ができたともいえます。

昭和44年、東京に来た当時は知り合いの四畳半の木造アパート、台所もトイレも共同で７０００円という家賃。親からの仕送りが２万円くらいでしたから、家賃を引くと１万３０００円くらいで生活していたわけで、今とは物価が違うとはいえ、遊びに勉強に？と忙しく暮らしていました。ギリギリの生活とはいえ、楽しかった四畳半生活。

当時の大卒初任給は3万１２００円（諸説あり）、喫茶店のコーヒーは１２０円ぐらいでしたが、それでもめったに行けなかった。毎朝、カフェオレを飲める今の生活は夢のよう？

ラーメンは確か１８０円とかで、たとえば友達と会っても食事はラーメン。当時のあるテレビ番組ではデートで食べる夕食ですらラーメンで、二人合わせても３６０円のデート代なんていうのもありました。

それなのにいつのまにか、あれもなきゃ、これもなきゃと、冷蔵庫の中は食べ物でいっぱいの生活に。そしてまた時は経ち、まさかの年金5万円生活。それでも満足な食生活。区の健診でも血液、尿検査ともに問題なしの健康さ。

外に出ると金銭感覚の違いから、『ガリバー旅行記』に出てくる小人の国リリパットのお金版の住人になった気分になります。それでも家に帰れば、すぐに50年前の生活にタイムスリップ。「おうちが好き」で家の中で若い気分でいられるのは、この家の中では上京した当時20代の自分が蘇るせいかもしれません。

第11章

自分を支える「メンタル」の作り方

——弱くたって大丈夫！

メンタルというと、つい「強くしなきゃ」と力みがちに。

でも自分の考え、自分の感じ方を「それが自分」と、そのまま認めてあげてもいいのでは?

今の弱い自分を否定するところから入ってしまうのではなく、今の自分を肯定した上で、「明日は今日より成長したい」と思うこと。

そういう気持ちで過ごせば、朝の目覚めもすっきりします。

老後に限らないことですが、どんな場合もメンタルを「強く」保つことは必要と、言う人は多いと思います。ただ、自分の経験からすると、それはなかなか難しいことだなと思っています。

メンタルとくると「強く」と続きがちですが、特に強くならなくてもいいのではないの？　と思うようになりました。メンタルを強くするために大事なこと――たとえば繊細さや強くあらねばという自分へのプレッシャーなど――を見逃すことが多いからです。

相手の言葉や行為に傷つく。そんなとき、傷つかないようなメンタルを手に入れるのではなく、傷つきながらも、自分のその感じ方を大事にするのは悪いことでしょうか？……だって、相手の言葉や行為が正しいとは限らないからです。

わたし自身、メンタルが弱くて、ちょっとしたことでストレスを感じる方でした。節約生活を始めて「自分ファースト」になった途端、持病はなくなり元気になっていきました。

「自分ファースト」とは自分勝手なことではなく、「自分の感じ方は自分のもの」と

認めるだけです。悲しい、寂しい、嫌だとの気持ちは、誰がなんといっても自分のもの。「そんなことで悲しい、寂しい、嫌だ、はおかしい」というのは違うでしょうと。

ただ、それだけです。

強くならなくてもいい。ただ自分の感じ方を、もう一人の自分が「その通りだよね」と肯定してあげればいいのです。

内向型か外向型かで節約法は変わる

節約生活を始めるにあたり、「収納」「お片づけ」「料理」などの書籍に何冊も目を通しました。そのなかで気づいたことがありました。

それは「収納」「お片づけ」の著者の多くは、大なり小なり「ＨＳＰ」、今では「繊細さん」として知られる「ハイ・センシティブ・パーソン」の傾向があることでした。

「部屋にいろんな色があると頭が混乱してくる」

「モノが多すぎると落ち着かない」

「こだわりが強い」

「隅々まできれいにする完璧主義の傾向がある」

こんな繊細さんだからこそ「整理整頓」が快感につながり、書籍を出すまでになったともいえます。

では「節約」に関してはどうでしょうか。これには二つのタイプがあると思います。

ここではざっくりと繊細さんを「内向型」とし、社交的な「外向型」と比べてみたいと思います。

内向型……一人でいるのが好き。いろんな色や匂いの混ざりが気になる。大きな音、声が苦手。近くにいる人の気分に左右されやすい。サプライズが苦手。

外向型……大勢でいると楽しい。プレッシャーを感じるとやる気が出る。イベントが好き。サプライズは楽しい。気遣いに長けている。「頼りになる」とよく言われる。

以上は大まかな特徴です。どちらかにしっかり当てはまるというより混在型が多いと思いますが、タイプによって節約方法も少し違ってきます。

内向型の節約

そうは見えないのは重々承知ながら、もともとは内向型です。コロナ禍のなか「プチプラ節約生活」を始めましたが、家のなかに籠り気味になることにまったく苦痛は感じず、あちこち出かけなくて済む生活は快適ですらありました。

そのなかで年金生活に向きあい、解決法を考えていく毎日は、今日食べるもの、今日することだけに集中できました。足元だけを見ていればいいので、「5万円しかない年金」で不安になる暇はなく、むしろ次々とアイデアを実践できたのです。

料理に関しても外食は美味しくない、弁当はいろんな匂いの混じりが気になって食欲がなくなるといった「繊細さ」、言葉を換えれば「わがまま」ですが、だからこそ次のような「自炊生活」にうまく結びついていきました。

★外食をしないのは苦痛ではなく、むしろ楽しい。
★にぎやかな場所にいくと頭が痛くなるので、買い物をしなくなった。

節約とは「買わない生活」。それだけのことで、あれこれ細かなお金の計算などはしなくてもできるとわかったことで、この生活を続けることができたのです。

極端にいえば、やることは「買わない」「食事は自炊」。これだけです。「買わない生活」が苦痛ではなくなったのは、わたしの場合「買う」ことの多くは「自分のために買う」より「他人の目を意識して」のことだと気づいたからです。

外向型の節約

娘はわたしとは正反対の性格で、外向型です。人への気遣いが行き届き（あくまでわたしとの比較です）、イベントやパーティが好き、人から頼まれると嫌とは言えない。人との集まりが好きですから、そんな時はお金をよく使いますが、それでも娘は節約家です。彼女の節約の特徴は次のようなことです。

★目的を持ち、そのために普段の生活が質素になってもいとわない。たとえば、コンサート、旅行、パーティなどを1年に何回か予定していますが、「それがあるから、普段の我慢がストレスにならないのよ」と言います。

★同じ考えの人と一緒に実行する。節約に限らず、仲間と一緒に何かをするのが好き。イベントでもお互いに料理を持ち寄り、お祭りでも屋台の食べ物は買わず、作って持っていきます。「だって、外で買うと具はほとんど入っていないのに、高いんだもの」というわけです。

自分がどちらのタイプかを知っておくことは節約に限らず、人との付き合い、片づけなど、いろんな面で役に立ちます。

自己肯定感が持てるようになった、そのわけ

ストレスに弱かったわたしが、節約生活をするようになってメンタルが強くなった理由の一つに、自分の生活が前より快適になったことがあります。ブログにはいろん

なアンチの声が届きます。これらのアンチにしっかり向き合っているうちに逆に自分の考えが明確になっていったことも大きいです。

当初は、とにかく「お金をいかに使わないか」に焦点を当てていましたが、それがだんだん「自分を豊かにしていく生活」になっていったのです。

自分が快適なのに、それが世間の考えと多少ずれているからといって考えを変えたり、生活を変える必要は微塵もないわけです。

また「目的」や「言いたいこと」が出てきたこともあります。

人前で話すことが苦手だったのは、特に「自分の考え」というものを持っていなかったからです。でも、少しずつ人に伝えたいこと、言いたいことが出てきました。

些細なことかもしれませんが、でもその「些細」を大切に紡いでいるうちに、いつのまにか自分を「そうだよね」と認めてあげることができるようになっていたのです。メンタルが強いとか弱いとかの判断さえ、いつの間にか忘れていました。

「明日は今日より成長したい」という気持ちを持つ

年齢を重ねていくと身体や脳の機能は衰えていきますが、経験値が増えていけば、できることは増えていきます。

新しいことができるようになるためには「習慣」が大きな力を発揮します。ストレッチや脳トレ、ブログをアップすることなど、習慣化してしまえばできることはたくさんあります。

パソコンのエクセルアートやひな壇アプリで知られる若宮正子さんがパソコンを始めたのは定年後の60歳のとき。現在88歳（1935年生まれ）ですから、今から30年近くも前です。現在のようにSNSが充実しているわけではないので、独学で学んだとのことです。

若宮さんが自分でアプリを開発したのは81歳のとき。コツコツと毎日続けたことが開花したのです。若宮さんは「注目を浴びる」という結果に繋がりましたが、彼女自身はそんなことより、毎日少しでも自分の能力が成長していくことが嬉しかったのではないでしょうか。

60代、70代は家族や世間から解放され、自由な時間が持てるゴールデンタイムです。その黄金時間を何もしないで過ごすのは、モッタイナイでしかありません。

昨日できなかったことが今日できるのはとても幸せなことです。庭に種を蒔いて、今日は芽が出た、少し大きくなったと見守るのが楽しいように「自分育て」は楽しいものです。そんな風に年を重ねていけたら、こんな幸せなことはありません。

「年だから」「今さら恥ずかしい」なんて思わず、やりたいことはどんどんやりましょう。高齢化社会とは、シニアにもっとも光が当てられる社会です。シニアマーケットは拡大するばかりでしょうし、これからはいろんなタイプのシニアが次々と出てくること間違いなし。

さあ、あなたもそんなシニアの一人になってください。

ぐっすり眠ってすっきり目覚める

朝の目覚めがいいと、その日はとても充実したものになります。眠っている間にも脳は動き続け、脳内のゴミを勝手に処分してくれ、必要な要素だけを残すそうです。余計なモノがなくてすっきりするのは部屋だけではないのですね。

そのためにも、不安や悩みを抱いたまま眠りにつくことはやめたいものです。不安や悩みを抱いたまま眠ると、身体のなかでは交感神経が優位になっています。交感神経は闘争神経ともいわれ、不安やストレスと闘おうとする。そのため、うとうとしている途中で「眠っている場合ではないでしょ！」と目覚めてしまうのです。

わたしにも経験があります。年金が少なくて、この先どうしようかと悩んでいたときです。どんなに悩んでも、ぐっすり眠ったときのように脳が自動的に解決してくれるわけではありません。

それを避ける方法はただ一つ、眠るときには悩みも不安も手離すことです。そのために、眠る前に「明日やりたいこと」「問題解決のための具体的な糸口」を考えることです。「不安」は漠然とした空気みたいなものですが、「解決の糸口」はより具体的な方法です。

健康やお金への不安があるとします。それを「問題解決の糸口」に変えるには、健康不安なら「どこがどう調子が悪いのか」「それはどのようにしたら解決できるのか」を考えることです。「この何カ月ものあいだ胃腸の調子が悪い、もしかしたら……」と思えば、「明日にでもあの病院に予約の連絡をしよう。その結果をみて、今後の対策を考えよう」となっていきます。

すべてについてこのような理性的な行動はとれないとは思いますが、とにかく「理性的であろう」と努力はする。すると脳もそれに応えてくれます。

お金の不安も同様です。お金がどう不安なのか、そのためにはどう行動すればいいのかを具体的に考え、イメージします。

わたし自身、そのようにして不安を糸口に変え、夜眠る前に「どうしたらいいのか」を懸命に考えました。するといつの間にか眠っていて、目覚めたときに解決のヒントが浮かぶケースがよくありました。大げさなことではなく、家にあるこの洋服は捨てたくない、リメイクしたらいいだろうかといった小さな「問題」を考えながら眠りについたものです。

そのためには、眠る前にテレビやユーチューブ、余計な刺激を脳に与えないことも大切です。眠る前にイメージを脳にたくさん残すと、眠っている間ずっと、そのイメージ＝映像に振り回されてしまいます。特に「繊細さん」は要注意です。

たんぱく質をしっかり摂ることも大事。たんぱく質はメラトニンという眠りを誘う物質を作ってくれます。暖かく清潔な布団、眠る前の軽いストレッチ、水分はあまり摂らないなど、眠りへの環境を整えることで、睡眠の質は大きく向上します。

そうなれば朝の気持ちいい目覚め。それは生活の質（ＱＯＬ）を大きく向上させてくれます。

おわりに

「楽しみにお金のかからない人がもっとも裕福である」

アメリカの作家、詩人ソローの言葉です。

では「楽しみにお金をかけない」ために必要なのはどんなことでしょうか。「優雅」に暮らすために必要なのは、我慢を重ねてお金を使わないことではなく、どんな環境のなかでも「面白がれる」センスかもしれません。

センスとはファッションや美術に限った言葉ではなく、いろんな物事を自分なりの視点で見つけていくことではないでしょうか。

「面白がれる力」＝「センス」を育てれば、生きていく上でこんなに強い武器はありません。その「武器」は試行錯誤を続けながら、「自分にちょうどいい」を創るなかで生まれてきました。

それはメンタルや人との付き合いなど、いろんな面で豊かさをもたらしてくれました。それも当然です。なぜなら「自分の最適化」「ちょいどいい」暮らしは、快適に決まっています。

初めての書籍が出て3年。「生活」系の書籍に携わったのは初めてで、戸惑いも多くありました。戸惑いながらも、自分なりのノウハウを考えているうちにまさかの三冊目。

本を作るにあたり、今回もたくさんの方々のお世話になりました。これも多くの読者の応援があったからこそと感謝しています。

「あるもので工夫する暮らし」から「お金の向き合いかた」、そして今回は自分に「ちょうどいい暮らし」。不安も嫌なことも吹き飛ばす「自分にちょうどいい」暮らしを創ることで、この本が、少しでも誰かの不安を吹き飛ばしてくれることを祈っています。

2024年

紫苑

装丁◉原田恵都子（Harada＋Harada）
漫画・イラスト◉福田玲子
カバー・本文写真◉酒井一由
本文デザイン・DTP◉桜井勝志
編集◉飯田健之
編集協力◉松山　久

73歳、月5万円でますます快適！
「ちょうどいい」を自分で創る
ごきげんプチプラ生活

2024年3月5日　第1版第1刷

著　者　　紫 苑
発行者　　伊藤岳人
発行所　　株式会社 廣済堂出版
〒101-0052　東京都千代田区神田小川町2-3-13　M&Cビル7F
電話　03-6703-0964（編集）　03-6703-0962（販売）
FAX　03-6703-0963（販売）
振替　00180-0-164137
URL　https://www.kosaido-pub.co.jp/

印刷所
製本所　　株式会社 暁印刷

ISBN 978-4-331-52409-1　C0095